Assessment-Center

Praxis der Personalpsychologie
Human Resource Management kompakt
Band 3

Assessment-Center
von Prof. Dr. Martin Kleinmann

Herausgeber der Reihe:
Prof. Dr. Heinz Schuler, Dr. Rüdiger Hossiep,
Prof. Dr. Martin Kleinmann, Prof. Dr. Werner Sarges

Assessment-Center

von
Martin Kleinmann

2., überarbeitete und erweiterte Auflage

HOGREFE

GÖTTINGEN · BERN · WIEN · PARIS · OXFORD
PRAG · TORONTO · BOSTON · AMSTERDAM
KOPENHAGEN · STOCKHOLM · FLORENZ

Prof. Dr. Martin Kleinmann, geb. 1960. 1981–1987 Studium der Psychologie und Informatik an den Universitäten Kiel und Konstanz. 1988–1989 Betriebspsychologe bei der Henkel KGaA, Düsseldorf. 1989–1997 Wissenschaftlicher Mitarbeiter an der Universität Kiel. 1991 Promotion. 1995 Habilitation. 1997–2003 Professor für Arbeits-, Betriebs- und Organisationspsychologie an der Philipps-Universität Marburg. Seit 2003 Professor für Arbeits- und Organisationspsychologie an der Universität Zürich. Darüber hinaus war Martin Kleinmann mehrere Jahre als Unternehmensberater im Bereich Personalauswahl sowie als Sprecher der Fachgruppe Arbeits- und Organisationspsychologie der DGPs und als Herausgeber der Zeitschrift für Personalpsychologie tätig.

Bibliografische Information der Deutschen Nationalbibliothek

Die Deutsche Nationalbibliothek verzeichnet diese Publikation
in der Deutschen Nationalbibliografie; detaillierte bibliografische
Daten sind im Internet über http://dnb.dnb.de abrufbar.

© 2003 und 2013 Hogrefe Verlag GmbH & Co. KG
Göttingen · Bern · Wien · Paris · Oxford · Prag · Toronto · Boston
Amsterdam · Kopenhagen · Stockholm · Florenz
Merkelstraße 3, 37085 Göttingen

http://www.hogrefe.de
Aktuelle Informationen · Weitere Titel zum Thema · Ergänzende Materialien

Das Werk einschließlich aller seiner Teile ist urheberrechtlich geschützt. Jede Verwertung außerhalb der engen Grenzen des Urheberrechtsgesetzes ist ohne Zustimmung des Verlags unzulässig und strafbar. Das gilt insbesondere für Vervielfältigungen, Übersetzungen, Mikroverfilmungen und die Einspeicherung und Verarbeitung in elektronischen Systemen.

Umschlagbild: © Bildagentur Mauritius, Mittenwald
Satz: ARThür Grafik-Design & Kunst, Weimar
Druck: AZ Druck und Datentechnik GmbH, Kempten
Printed in Germany
Auf säurefreiem Papier gedruckt

ISBN 978-3-8017-2484-9

Inhaltsverzeichnis

1	**Assessment-Center**	1
1.1	Einführung	1
1.2	Definition	2
1.3	Abgrenzung zu ähnlichen Begriffen	4
1.4	Bedeutung für das Personalmanagement	6
1.5	Betrieblicher Nutzen	9
1.6	Weitere Ziele	10
2	**Modelle**	13
2.1	Simulationsorientierter Ansatz	14
2.2	Indirekte Kriterienkontamination	16
2.3	Direkte Kriterienkontamination	17
2.4	Genereller Leistungsfaktor	18
2.5	Verwendete Dimensionen	20
2.6	Selbsterfüllende Prophezeiungen	21
2.7	Soziale Intelligenz	22
3	**Analyse und Maßnahmenempfehlung**	24
3.1	Beobachter und Teilnehmer	24
3.2	Anforderungsdimensionen	27
3.3	Situative Übungen	35
3.3.1	Gruppendiskussionen	35
3.3.2	Präsentationen	38
3.3.3	Zweiergespräch	38
3.3.4	Fallstudien	39
3.3.5	Postkorb	39
3.3.6	Weitere Aufgaben: computersimulierte Szenarios, Business Games und gruppendynamische Aufgaben	42
3.3.7	Anzahl und Art der Übungen	45
3.3.8	Assessment-Center in Kombination mit anderen eignungsdiagnostischen Instrumenten	48
3.4	Aufgaben der Beobachter	52
3.4.1	Beobachtertraining	53
3.4.2	Individuelle Bewertung	56
3.4.3	Datenintegration	64
3.5	Reaktionen und Akzeptanz von Feedback	68
4	**Vorgehen**	70
4.1	Darstellung der Interventionsmethoden	70
4.2	Wirkungsweise der Methoden	78
4.3	Effektivität und Prognose	78

4.4	Varianten der Assessment-Center-Methode	87
4.5	Probleme bei der Durchführung	93
5	**Fallbeispiele aus der Unternehmens- und Beratungspraxis**	**95**
5.1	Fallbeispiel: Implementierung und Positionierung eines Assessment-Centers	95
5.2	Fallbeispiel: Zielsetzung und Ablauf eines Einzel-Assessments	99
5.3	Gruppendiskussion: Gemeinsames Lösen einer Aufgabe	102
5.4	Gruppendiskussion: Gemeinsames Optimieren eines computersimulierten Szenarios	113
6	**Literaturempfehlung**	116
7	**Literatur**	117

Karten:
Checkliste für Assessment-Center (Teil 1 + 2)
Standards zur Durchführung von Assessment-Centern
Empirische Ähnlichkeit von Assessment-Center-Anforderungsdimensionen

1 Assessment-Center

1.1 Einführung

Assessment-Center sind stark nachgefragt. Schuler, Hell, Trapmann, Schaar und Boramir (2007) zeigen in einer groß angelegten Untersuchung im deutschen Sprachraum, dass Assessment-Center von mehr als der Hälfte der befragten Unternehmen genutzt werden. Sie erleben zudem gegenüber einer Untersuchung eine gute Dekade zuvor (Schuler, 1993) und im Vergleich zu allen anderen untersuchten Personalauswahlverfahren den stärksten prozentualen Zuwachs bzgl. der Einsatzhäufigkeit. Wenn im Personalmanagement Führungsnachwuchskräfte ausgewählt werden, eine einzelne hochrangige Position zu besetzen ist oder individuelle Entwicklungspläne für die persönlichen Stärken und Entwicklungsfelder von Managern aufgezeichnet werden sollen, immer dann wird der Einsatz von Assessment-Center-Verfahren diskutiert und häufig kommen diese dann auch zum Einsatz, sei es als „klassisches" Gruppen-Assessment, Einzel-Assessment, Potenzial-Assessment oder auch als Personalentwicklungs-Assessment-Center. Eine Vielzahl von Unternehmen in den deutschsprachigen Ländern arbeitet mit Assessment-Centern (Schuler et al., 2007). Assessment-Center stellen somit eine diagnostische Methode dar, die weit verbreitet genutzt wird und deren Einsatzfelder immer weiter definiert werden (Arthur & Day, 2010). Sie findet (meist) Akzeptanz bei den Personalverantwortlichen, den Entscheidern und den Betroffenen. Ob sie Akzeptanz findet oder nicht, hängt aber entscheidend davon ab, wie Assessment-Center durchgeführt werden.

Weit verbreitete Methode zur Managementdiagnostik

Aber sind die Vorhersagen, welche mithilfe von Assessment-Center-Verfahren getroffen werden, zutreffend? Werden die richtigen Personen ausgewählt? Wird der Personalentwicklungsbedarf zutreffend diagnostiziert? Die Antwort ist einfach, gilt aber nicht für jedes Verfahren, das sich Assessment-Center nennt. Thornton (1992, S. ix), einer der etabliertesten Forscher in diesem Feld, gab sie vor ca. 20 Jahren: „Assessment centers work!". Diese Aussage gilt nach wie vor, wie eine aktuelle Metaanalyse zur Validität von Assessment-Centern für den deutschen Sprachraum zeigt (Becker, Höft, Holzenkamp & Spinath, 2011). Unter welchen Bedingungen Assessment-Center den Entscheidern helfen, wie gut die Vorhersagen tatsächlich sind, was bei der fachgerechten Konstruktion von Assessment-Centern zu beachten ist, all dies wird im Folgenden eingehend diskutiert. Dabei wird deutlich werden, dass Assessment-Center diagnostische Verfahren sind, deren Einsatz Fingerspitzengefühl und Know-how erfordert, deren Nutzen jedoch bei sinnvoller Anwendung die Kosten mit Sicherheit übersteigt. Der Wissensbedarf zu Assessment-Center-Verfahren ist nach wie vor groß, was sich unter anderem darin zeigt, dass jährlich internationale Kongresse dazu stattfinden (http://www.assessmentcenters.org/) und der Arbeitskreis Assessment Center e. V. in Deutschland bereits acht Kongresse zu dieser Thematik durchgeführt hat und plant weitere Kongresse zu veranstalten.

1.2 Definition

Definition

> Assessment-Center sind multiple diagnostische Verfahren, welche systematisch Verhaltensleistungen bzw. Verhaltensdefizite von Personen erfassen. Hierbei schätzen mehrere Beobachter gleichzeitig für einen oder mehrere Teilnehmer seine/ihre Leistungen nach festgelegten Regeln in Bezug auf vorab definierte Anforderungsdimensionen ein.

Unter multiplen diagnostischen Verfahren wird eine Vielzahl diagnostischer Instrumente subsumiert, welche meist eine realitätsnahe Ausrichtung (Simulationsprinzip) aufweisen, um damit den potenziellen Arbeitsalltag bestmöglich abzubilden. Geläufige Verfahren sind hierbei Postkorb, Gruppendiskussion, Rollenspiel, Präsentation, Fallstudie, manuelle Arbeitsprobe, computergestütztes Szenario, um nur einige zu nennen.

Zur systematischen Erfassung gehört die Beurteilung derselben Anforderungsmerkmale in verschiedenen Verhaltensaufgaben (meist auch „Übungen" genannt), die zeitliche Trennung von Beobachtung und Bewertung, die Unabhängigkeit der Einzelbeobachtungen voneinander sowie die vorherige Schulung der Beobachter.

Ähnliche, teils wesentlich ausführlichere Definitionen mit dazugehörigen Standards gibt es von internationalen Gruppen aus Forschern und Praktikern (vgl. International Task Force on Assessment Center Guidelines, 2009, sowie die Standards des Arbeitskreises Assessment Center e. V.). Aus diesen geht auch hervor, dass Assessment-Center aus Simulationen, einerseits in Kombination mit anderen diagnostischen Verfahren (meist Tests und Interviews) bestehen können, wie auch andererseits nur aus situativen Aufgaben, ohne zusätzliche Verfahren. Im vorliegenden Buch wird in erster Linie auf Assessment-Center im engeren Sinne ohne zusätzliche diagnostische Verfahren fokussiert, was auch der gängigen eignungsdiagnostischen Praxis entspricht, nach der Simulationen in größerem Maße in Assessment-Centern eingesetzt werden als klassische Tests (vgl. Höft & Obermann, 2010).

Standards zur Durchführung von Assessment-Centern

Die Standards des deutschsprachigen Arbeitskreises werden in Anlehnung an Neubauer und Höft (2006) in Abbildung 1 wiedergegeben.

Die Standards selbst stellen Erfahrungswerte der Personalmanager dar und können als Versuch verstanden werden, Qualitätsstandards in der praktischen

1. Auftragserklärung und Vernetzung
Vor der Entwicklung und Durchführung eines ACs sind die Ziele und die Rahmenbedingungen des Auftrages sowie die Konsequenzen für die Teilnehmer verbindlich zu klären und zu kommunizieren.

↓

2. Arbeits- und Anforderungsanalyse
Eignungsbeurteilung lässt sich nur mit einer exakten Analyse der konkreten Anforderungen sinnvoll gestalten.

↓

3. Übungskonstruktion
Ein Assessment-Center besteht aus Arbeitssimulationen.

↓

4. Beobachtung und Bewertung
Grundlage für die Eignungsdiagnose ist eine systematische Verhaltensbeobachtung.

↓

5. Beobachterauswahl und -vorbereitung
Gut vorbereitete Beobachter, die das Unternehmen angemessen repräsentieren, sind am besten geeignet, fundierte und treffsichere Entscheidungen zu treffen.

↓

6. Vorauswahl und Vorbereitung der potenziellen Teilnehmer
Systematische Vorauswahl und offene Vorinformation sind die Grundlage für den wirtschaftlichen und persönlichen Erfolg im AC.

↓

7. Vorbereitung und Durchführung
Eine gute Planung und Moderation des ACs gewährleisten einen transparenten und zielführenden Ablauf des Verfahrens.

↓

8. Feedback und Folgemaßnahmen
Jeder AC-Teilnehmer hat das Recht auf individuelles Feedback, um so das Ergebnis nachvollziehen und daraus lernen zu können. Nach dem AC sind konkrete Folgemaßnahmen abzuleiten und umzusetzen.

↓

9. Evaluation
Regelmäßige Güteprüfungen und Qualitätskontrollen stellen sicher, dass die mit dem AC angestrebten Ziele auch nachhaltig erreicht werden.

Abbildung 1:
Standards des Arbeitskreises Assessment-Center in Anlehnung an Neubauer und Höft (2006)

Durchführung umzusetzen. Diese Standards haben sich offensichtlich aus Sicht der Anwender in der Praxis bewährt. Inwieweit jedes der Postulate oder auch nur einzelne dieser Postulate empirisch untermauert werden können, zeigen Höft und Obermann (2010) bzw. Obermann (2009) teilweise auf.

1.3 Abgrenzung zu ähnlichen Begriffen

Multipler diagnostischer Ansatz

Kernelement des Assessment-Centers ist der multiple diagnostische Ansatz. Insofern können andere Verfahren wie Leistungstests, Interviews, Leistungsbeurteilungen sowie einzelne Bausteine von Assessment-Center-Verfahren wie Gruppendiskussionen, Postkörbe, computersimulierte Szenarien, Arbeitsproben etc. klar von ihnen abgegrenzt werden, sofern sie *singulär* dargeboten werden. Die Mehrfachmessung von Verhaltensleistungen in *unterschiedlichen* Verfahren fehlt bei der separaten Darbietung dieser Verfahren als integraler Bestandteil eines Assessment-Centers.

Es gibt jedoch auch eine Reihe multipler diagnostischer Instrumente im Personalmanagement. Zu nennen sind hier insbesondere das Multimodale Interview, klassische Testbatterien, multimodale Leistungsbeurteilungssysteme sowie das 360°-Feedback.

Multimodales Interview

Das *Multimodale Interview* wurde im deutschsprachigen Raum 1992 von Schuler erstmals vorgestellt (Schuler, 1992, siehe auch Schuler, 1989a). Es umfasst acht Komponenten, von denen fünf in die diagnostische Urteilsbildung eingehen (Selbstvorstellung, Berufsorientierung und Organisationswahl, freier Gesprächsteil, biografiebezogene Fragen und situative Fragen). Das Multimodale Interview weist eine Reihe von Gemeinsamkeiten zu Assessment-Centern auf. So besteht es ebenfalls aus mehreren diagnostischen Verfahren, in denen jeweils für die Arbeit relevante Anforderungen geprüft werden. Auch wird es standardisiert dargeboten und die Eindrucksbildung findet durch zwei zuvor geschulte Beobachter statt.

Auf konzeptioneller Ebene ist es jedoch im Gegensatz zum Assessment-Center nicht vorwiegend simulationsorientiert, sondern es enthält sowohl biografieorientierte, konstruktorientierte wie auch simulationsorientierte Anteile. Auf Verhaltensebene werden die Unterschiede noch offensichtlicher. In den einzelnen Interviewteilen erfolgen überwiegend Äußerungen zu bereits gezeigten Verhaltensweisen und zu Verhaltensabsichten. Verhalten selbst ist nicht zentraler Beobachtungsgegenstand. Aufgrund der geäußerten Verhaltensweisen in der Vergangenheit und der geäußerten Verhaltensabsichten für die Zukunft wird auf das tatsächliche Verhalten geschlossen. Anders im Assessment-Center: Hier dienen die unterschiedlichen „Bauteile" dazu, unterschiedliche Verhaltensstichproben zu nehmen und dadurch gesicherte Aussagen über zukünftige Verhaltensweisen zu bekommen. Nichtsdestoweniger ist das Multimodale Interview eine ernst zu nehmende Alternative zu Assessment-Center-Verfahren. Stellt es doch eine wesentlich kostengünstigere Alternative dar und ist bei sorgfältiger Konstruktion genauso in der Lage Verhalten zuverlässig zu prognostizieren wie Assessment-Center (vgl. Schmidt & Hunter, 2000).

Klassische Testbatterien finden für unterschiedliche eignungsdiagnostische Fragestellungen Verwendung. Genau wie Assessment-Center versuchen sie durch Mehrfachmessungen identischer Konstrukte zu sichereren Aussagen zu kommen, als wenn ein Konstrukt/eine Anforderungsdimension nur einmal gemessen wird. Im Gegensatz zu Assessment-Centern sind die untersuchten Konstrukte meist wesentlich globaler und die Art der Datenerhebung erfolgt nicht durch eine möglichst realistische Verhaltensstichprobe (Simulationsprinzip), sondern durch Beantwortung einzelner Items, die zu homogenen Testskalen einzelner Konstrukte (Konstruktprinzip) zusammengefügt werden. Beobachter bei diesem diagnostischen Prozess werden nicht benötigt.

Klassische Testbatterien

Multimodale Leistungsbeurteilungssysteme (vgl. Schuler & Muck, 2001) sowie *360°-Feedback-Systeme* (vgl. Scherm & Sarges, 2002) werden zur systematischen Beurteilung von Führungskräften einer Organisation herangezogen. Urteilsgegenstand sind tätigkeitsbezogene Kompetenzen der Zielpersonen und deren Auswirkungen auf Leistungsergebnisse. Die Einschätzungen der Stärken und Schwächen werden in der Regel auf der Grundlage schriftlicher, standardisierter Befragungen erstellt. An der Beurteilung beteiligt sind Vorgesetzte, Kollegen/Kunden, Mitarbeiter und die beurteilte Person selbst. Liegt der Fokus bei den 360°-Feedback-Systemen stärker auf dem Verhalten, wird er bei den multimodalen Leistungsbeurteilungssystemen zusätzlich um den Aspekt der Leistungsergebnisse bereichert. Gemeinsamkeiten zu Assessment-Centern finden sich im „Mehr-Augen-Prinzip". Auch wird jeweils für den Arbeitsplatz relevantes Verhalten protokolliert. Unterschiede finden sich in den Verhaltensstichproben: Im Assessment-Center sind diese standardisiert und für alle Teilnehmer gleich, beim 360°-Feedback und bei multimodalen Leistungsbeurteilungssystemen ist dies nicht der Fall. Jede zu beurteilende Person hat im Betrieb andere Aufgaben zu bewältigen. Insofern ist die Schwierigkeit der zu bewältigenden Situationen bei der Leistungseinschätzung für verschiedene Personen unterschiedlich. Auch ist die Verhaltensstichprobe im Assessment-Center, welche der Einschätzung der Beobachter zugrunde liegt für alle Beobachter gleich; beim 360°-Feedback und bei multimodalen Leistungsbeurteilungssystemen sind die Verhaltensstichproben, welche den jeweiligen Einschätzungen zugrunde liegen, unterschiedlich. Ein Kunde erlebt eine zu beurteilende Person in anderen Situationen als ein Vorgesetzter. Dementsprechend liegen unterschiedliche Verhaltensstichproben identischer Personen vor. Einzelne Verhaltensweisen können jedoch oft nur von einer Person wahrgenommen werden. Einen Vergleich der erwähnten diagnostischen Instrumentarien gibt Tabelle 1 wieder.

Multimodale Leistungsbeurteilungssysteme

Tabelle 1:
Vergleich von Assessment-Centern mit anderen diagnostischen Verfahren

	Assessment-Center	Einzeln dargebotene diagnostische Verfahren	Multimodales Interview	Testbatterien	Multimodale Leistungsbeurteilung bzw. 360°-Feedback
Simulationsorientiert	ja	teils	teils	nein	teils
Multiple diagnostische Instrumente	ja	nein	ja	ja	ja
Einsatz von Beobachtern	ja	teils	ja	nein	ja
Direktes Verhalten	ja	teils	teils	nein	ja
Standardisierte Verhaltensstichprobe	ja	ja	ja	ja	nein

1.4 Bedeutung für das Personalmanagement

Zunehmender Verbreitungsgrad

Assessment-Center werden seit Ende der 50er Jahre in vielen Organisationen in den USA eingesetzt. Ende der 60er Jahre kam die Methode über die Töchter amerikanischer Konzerne nach Deutschland und erfreut sich seither stetig wachsender Beliebtheit.

Inzwischen gibt es eine Reihe von Untersuchungen, die sich mit der Verbreitung dieser und anderer Personalauswahlinstrumente beschäftigten. Schuler et al. (2007) untersuchten den Einsatz verschiedener Personalauswahlverfahren im deutschen Sprachraum, Ryan, McFarland, Baron und Page (1999) veröffentlichten eine Befragung von 959 Unternehmen weltweit zum Einsatz von Personalauswahlverfahren, darunter auch dem von Assessment-Centern.

Im Ausland werden Assessment-Center häufiger eingesetzt

Ryan et al. (1999) stellten fest, dass Assessment-Center im Vergleich zu anderen eignungsdiagnostischen Verfahren in Deutschland seltener eingesetzt werden. In anderen europäischen Ländern, beispielsweise Frankreich, Spanien, Schweden, Belgien, Niederlande und Großbritannien hatten diese Verfahren in der Untersuchung aus den 90er Jahren eine deutlich größere Verbreitung. Diese Befunde sind in weitgehender Übereinstimmung mit den Ergebnissen einer älteren Untersuchung von Schuler, Frier und Kauffmann (1993). Eine Erklärung für solch abweichende Praktiken für identische Verfahren in verschiedenen Ländern bietet das Modell von König, Klehe,

Berchtold und Kleinmann (2010). Nach diesem Modell spielen neben Validitätsüberlegungen auch andere Faktoren wie z. B. das Verhalten von Mitbewerbern oder die Akzeptanz des Verfahrens bei Bewerberinnen und Bewerbern für Personalmanager eine tragende Rolle. Für einen ausführlichen Vergleich der Anwendung von Personalauswahlverfahren in verschiedenen Ländern sowie zu Aspekten der Fairness und Akzeptanz der angewandten Verfahren in unterschiedlichen kulturellen Kontexten siehe Krause (2011).

Abweichend von der Studie von Ryan et al. (1999) zeigt die bereits erwähnte neuere Untersuchung von Schuler et al. (2007) in jüngster Zeit allerdings einen deutlichen Trend zu einer vermehrten Nutzung von Assessment-Centern im deutschen Sprachraum. So gaben 57,6 % der befragten Unternehmen an, dass sie Assessment-Center nutzen. Damit gehört das Assessment-Center zu den vergleichsweise häufig genutzten Personalauswahlverfahren. Lediglich der Einsatz verschiedener Interviewverfahren ist in Deutschland noch beliebter. Die Methode der Wahl scheint demnach in bundesdeutschen Betrieben neben Assessment-Centern nach wie vor das persönliche Gespräch bei Personalbesetzungsaktivitäten zu sein (vgl. auch Höft & Obermann, 2010).

Über den internationalen Einsatz von Assessment-Center-Verfahren gibt eine aktuellere Untersuchung von Krause und Thornton (2009) Auskunft, die über den Stand der Praktiken und den Verbreitungsgrad von Assessment-Center-Verfahren in Westeuropa und Nordamerika informiert. Neben etlichen Gemeinsamkeiten zwischen diesen Regionen gibt es jedoch auch einige Unterschiede in der Handhabung dieser diagnostischen Instrumente. Offensichtlich scheinen in Westeuropa Assessment-Center in erster Linie zu Personalauswahl- (34 %) und Personalentwicklungszwecken (41 %) genutzt zu werden. Für Potenzialanalysen werden diese Verfahren nur von 25 % der Unternehmen verwendet. In Nordamerika ist dies jedoch der Haupteinsatzbereich von Assessment-Centern (59 %), während Personalauswahl (20 %) und Personalentwicklung (21 %) als Einsatzzweck weniger dominant sind.

Unterschiedliche Einsatzzwecke von Assessment-Centern in Westeuropa und Nordamerika

Zur Verbreitung von Assessment-Centern gibt es neben der bereits erwähnten Untersuchung von Schuler et al. (2007) eine etwas ältere Untersuchung von Krause, Meyer zu Kniendorf und Gebert (2001) sowie eine aktuellere Untersuchung von Höft und Obermann (2010), die einen Vergleich der Assessment-Center-Praktiken anhand von zwei Erhebungszeitpunkten (2001 und 2008) vornehmen. Nach diesen Untersuchungen sind Banken und Versicherungen die Branche, bei denen Assessment-Center am häufigsten verwendet werden. Anders als die Ergebnisse der Studie von Krause und Thornton (2009) dies für Westeuropa insgesamt nahezulegen scheinen, sind Personalauswahl und Potenzialanalyse offensichtlich die zentralen Einsatzgebiete für Assessment-Center im deutschen Sprachraum

Zentrale Einsatzgebiete: Personalauswahl und Potenzialanalyse

nach der Studie von Höft und Obermann (2010). Insbesondere für die Zielgruppe Führungsnachwuchskräfte werden die Assessment-Center im deutschen Sprachraum konzipiert und genutzt. Von der Entwicklung her ist ein Trend zwischen den zwei Befragungszeitpunkten im Jahr 2001 und 2008 zu beobachten. Demnach werden neben reinen Simulationsaufgaben zunehmend auch andere Testverfahren in das Assessment-Center integriert.

Akzeptanz von Assessment-Center-Verfahren

Die Akzeptanz dieses Verfahrens auf Seiten der Bewerber kann ebenfalls durchaus positiv gesehen werden. So waren bei einer Studie von Macan, Avedon, Paese und Smith (1994), an der 136 Bewerber für gewerbliche Jobs teilgenommen hatten, diese nach einem Assessment-Center zufriedener mit dem Auswahlverfahren, beurteilten die Organisation als attraktiver und würden eher ein Produkt dieser Firma kaufen als nach einem (vorher durchgeführten) Intelligenztest.

Was sich in dieser Einzelstudie zeigte, lässt sich auch verallgemeinern: Eignungsdiagnostische Verfahren haben eine höhere Akzeptanz (vgl. Gilliland, 1993; Hausknecht, Day & Thomas, 2004; Ryan & Ployhart, 2000; Schuler, 1990; Truxillo & Bauer, 2010), wenn sie
– Augenscheinvalidität aufweisen, vor allem determiniert durch Anforderungsbezug,
– ausreichend informieren und Feedback ermöglichen,
– transparent sind und wenn das
– Ergebnis positiv ist.

Die ersten drei Punkte sind beim Assessment-Center möglich und werden häufig umgesetzt, sodass die Akzeptanz dieser Verfahren weitgehend gegeben ist. Der letzte Punkt kann in einem Personalentwicklungs-Assessment-Center ebenfalls als gegeben betrachtet werden und hängt in einem Auswahl-Assessment-Center in erster Linie vom persönlichen Abschneiden der Teilnehmer ab.

Die Entwicklung und Durchführung eines Assessment-Centers ist nicht gerade billig. Die Streuung über derartige Angaben variiert jedoch stark. So schwanken die Angaben der Teilnehmerkosten je nach Autor zwischen 500 und 3.000 Euro pro Teilnehmer (Gerpott, 1990; Hoffmann & Thornton, 1997; Hogan & Zenke, 1986; Obermann, 1992). Die Bandbreite der Angaben lässt sich in erster Linie durch unterschiedliche Einsatzzwecke (Einzel- versus Gruppen-Assessment-Center) und durch die Häufigkeit der Durchführung erklären. Obermann (2009, S. 339) geht in einer Vergleichsrechnung davon aus, dass die Durchführungskosten für Assessment-Center durchaus günstiger sein können als für Interviews, sofern viele Personen dem Verfahren unterzogen werden. Die tatsächlichen Kosten eines Verfahrens als alleinige Entscheidungsgröße heranzuziehen, ist jedoch eine stark verkürzte Perspektive, da zahlreiche weitere Parameter zur Nutzenbestimmung eines Verfahrens hinzugezogen werden müssen (vgl. König et al., 2010).

1.5 Betrieblicher Nutzen

Seit vielen Jahren gibt es Überlegungen, wie der Nutzen von Assessment-Center-Verfahren, oder genereller von eignungsdiagnostischen Verfahren, berechnet bzw. geschätzt werden kann. Gebräuchlichste Kennziffer ist die Validität eines Personalauswahlverfahrens. Diese ist zwar ein nützlicher, aber keineswegs hinreichender, Bestandteil zur Berechnung des Nutzens dieses Verfahrens für die Organisation. Cronbach und Gleser (1965) entwickelten ein Modell zur Berechnung des Nutzens von Selektionsinstrumenten, welches von Funke, Schuler und Moser (1995) leicht erweitert wurde. Dieses Modell kann selbstverständlich zur Nutzenkalkulation von Assessment-Center-Verfahren herangezogen werden (siehe Kasten).

Der Einsatz von Assessment-Centern ist aus betriebswirtschaftlicher Sicht sinnvoll

---

Formel zur Berechnung des Nutzens von Assessment-Center-Verfahren

$$\Delta U = N_E \times T \times SD_y \times r_{xy} \bar{z}_x - K \times N_B$$

ΔU: Nutzenzuwachs durch das Assessment-Center (z. B. in Euro)

N_E: Anzahl der mithilfe des Assessment-Centers eingestellten Personen (oder positiv entschiedenen)

T: Anzahl der betrachteten Jahre in der Firma

SD_y: Standardabweichung der Leistung im Job in Geldeinheiten (z. B. in Euro)

r_{xy}: Validitätskoeffizient des Assessment-Centers

$\bar{z}_x$: durchschnittlicher standardisierter Testwert der Eingestellten im Assessment-Center

K: Kosten pro Bewerber im Assessment-Center

N_B: Anzahl der im Assessment-Center gewesenen Bewerber

Die interessierende Größe des Nutzenzuwachses (in Euro) hängt demnach positiv mit der Anzahl eingestellter Personen im Unternehmen, einem längerfristigen Verbleib dieser Personen in der Organisation, einer großen Streuung der Leistung im Beruf, der Höhe des Validitätskoeffizienten sowie der Leistungshöhe der Ausgewählten, welche durch Vorselektion und Setzen eines kritischen Testwertes beeinflusst werden kann, zusammen. Von diesem Term müssen dann die Kosten für die Konzeption und die Durchführung des Assessment-Centers ($K \times N_B$) abgezogen werden.

Nehmen wir folgendes hypothetisches Beispiel an: Ein Großunternehmen stellt jährlich 150 Führungsnachwuchskräfte (N_E) ein. Die durchschnittliche Verweildauer dieser Zielgruppe im Unternehmen (T) beträgt aufgrund

Beispielberechnung des Nutzens

bisheriger Erfahrungen 10 Jahre. Die Standardabweichung der Leistung (SD_y) wird auf 20.000 Euro geschätzt. Nach Schmidt und Hunter (1983) zeigte sich in vielen Studien, dass die Standardabweichung zwischen einzelnen Mitarbeitern bezogen auf den Geldwert der erbrachten Leistung *mindestens* 40 % des durchschnittlichen Gehalts des Jobs ausmacht. Nach dieser 40 %-Regel wäre bei einem angenommenen Jahresdurchschnittsgehalt von 50.000 Euro $SD_y = 20.000$ Euro. Auch zur Validität von Assessment-Centern gibt es mittlerweile eine große Anzahl an Studien (vgl. Kapitel 4.3). Demnach ist ein guter Schätzwert für die Validität dieser Verfahren $r_{xy} = .37$. Die als geeignet befundenen Bewerber erzielen bei dem Assessment-Center einen durchschnittlichen standardisierten Testwert von .5 ($\bar{z}_x$); dies bedeutet, dass ihr Testwert in etwa eine halbe Standardabweichung über dem durchschnittlichen Testwert aller Bewerber liegt. Die Kosten pro Bewerber betragen 1.000 Euro (K). 612 Bewerber (N_B) nehmen an dem Verfahren zur Gewinnung der 150 Führungsnachwuchskräfte (N_E) teil.

Die Verweildauer der eingestellten Personen ist demnach $(150 \times 10) = 1.500$ Personen-Jahre. Pro Personen-Jahr ergibt sich ein Nutzen von 3.700 Euro ($.5 \times .37 \times 20.000$ Euro). Bezogen auf die Personen-Jahre (1.500×3.700) ergibt sich ein Nutzen von 5.550.000 Euro. Von diesem Brutto-Nutzen müssen dann die Kosten $(1.000 \times 612) = 612.000$ Euro abgezogen werden, um auf den tatsächlichen Nutzen (ΔU) von 4.938.000 Euro zu kommen.

Der Einsatz eines Assessment-Center-Verfahrens würde also im Vergleich zu einer Zufallsauswahl aus den Bewerbern einer vergleichbaren Kohorte für die nächsten 10 Jahre einen Nutzenzuwachs von knapp 5.000.000 Euro erbringen. Obermann (2009) bringt weitere Beispiele zur Berechnung des Nutzens von Assessment-Center-Verfahren. Hoffmann und Thornton (1997) ergänzen ihre ähnlich gearteten Berechnungen um Vergleiche von Assessment-Center-Verfahren mit Interviewverfahren.

1.6 Weitere Ziele

Verwirklichung einer Reihe von personalpolitischen Zielen

Neben den direkten Zielen, Personal zu gewinnen, Personal zu entwickeln und den monetären betrieblichen Nutzen dieser Maßnahmen zu berechnen, gibt es eine Reihe weiterer Ziele, welche teils direkt, teils indirekt mit den Hauptzielen verknüpft sind und einen erwünschten und nicht unerheblichen Zusatznutzen des Assessment-Center-Verfahrens ermöglichen.

Demnach lässt sich ein weitergehender Nutzen, je nach Nutznießer, in verschiedene Sparten einteilen.

**Nutzen für das Unternehmen,
insbesondere das Linien- und Personalmanagement**

- Verbesserte Treffsicherheit von Personalentscheidungen. Durch ein qualitativ hochwertiges Verfahren werden Personalentscheidungen rationaler.
- Werden Assessment-Center regelmäßig durchgeführt, erhält die Unternehmung einen guten Überblick über vorhandenes Potenzial im Hause.
- Assessment-Center werden häufig in übergreifende Personalmanagement-Systeme eingebunden. Dies ermöglicht die Abstimmung verschiedener Maßnahmen des Personalmanagements im Rahmen einer übergeordneten strategischen Konzeption.
- Für Assessment-Center-Verfahren, Leistungsbeurteilungssysteme, Zielvereinbarungen etc. können einheitliche Beurteilungsbereiche festgelegt werden.
- Assessment-Center können mit anderen neuen Instrumentenvarianten gut kombiniert werden (360°-Grad Feedback, Management-Audit) und ermöglichen so eine umfassende Entscheidungsgrundlage.
- Personalentscheidungen werden transparent gestaltet und von vielen gemeinsam begründet. Dies führt auch zu einer Verbesserung der Zusammenarbeit zwischen Personal und Linie.
- Die Beobachter werden trainiert und können durch die Teilnahme an einem oder mehreren Assessment-Centern ihr Wissen für ihre Alltagsaufgaben wie Mitarbeiterbeurteilung und -förderung erweitern.
- Gut eingeführte Assessment-Center eignen sich als Personalmarketingmaßnahme nach innen und nach außen, da sie ein hohes Maß an sozialer Validität für die Teilnehmer aufweisen (Ryan & Ployhart, 2000; vgl. hierzu auch Felser, 2010).
- Die Bedeutung der Entwicklung der einzelnen Personen wird sichtbar gestärkt, wenn Assessment-Center in eine Personalentwicklungskonzeption eingebunden werden.
- Weiterbildungsmaßnahmen erfolgen nicht nach dem „Gießkannenprinzip". Individuelle Förderung ist möglich und begründbar.
- Die Effizienz bisheriger Bildungsmaßnahmen kann geprüft werden.

Nutzen für die Teilnehmer

- Sie erhalten begründete Rückmeldung über die eigenen Stärken und Schwächen.
- Sie gewinnen eine realistischere Einschätzung des eigenen Selbstbildes durch Konfrontation mit dem Fremdbild.
- Durch die simulationsorientierten Inhalte der Assessment-Center erhalten sie realistische Vorinformationen über die Zielposition.
- Das Risiko, eine falsche Position anzutreten, ist reduziert.
- Aus Sicht der Teilnehmer findet eine objektivere Beurteilung statt, da nicht nur eine Person, sondern viele Beobachter für das Zustandekommen eines Bildes verantwortlich sind.
- Beförderungen werden als gerechter erlebt.

2 Modelle

Bevor die einzelnen Modelle zur Funktionsweise der Assessment-Center-Verfahren vorgestellt und diskutiert werden, werden einige zentrale Begriffe zum Validitätsbegriff der klassischen Testtheorie eingeführt, die das nachfolgende Verständnis erleichtern.

Unter Validität versteht man die Angemessenheit von Schlussfolgerungen aus Testwerten und anderen diagnostischen Instrumenten. Zusammenhänge zwischen Prädiktoren und Kriterien werden in der Regel korrelativ ermittelt. Geschieht dies zeitgleich, spricht man von konkurrenter Validität. Erfolgt die Ermittlung zeitversetzt, spricht man von prädiktiver oder prognostischer Validität. Beide Validitätsarten werden als kriterienbezogene Validität bezeichnet. Ihnen liegt die Fragestellung zugrunde, wie gut mit dem Prädiktor Verhalten vorhergesagt werden kann.

Überträgt man dies auf die *prognostische Validität* des Assessment-Centers, bedeutet dies Folgendes: Ein Assessment-Center ermöglicht prognostisch valide Schlüsse, wenn die Ergebnisse der Beurteilungen in empirisch nachweisbarer Beziehung zum späteren Berufserfolg stehen.

Antworten auf die Frage „Was wird mit diesem Test eigentlich gemessen?" bietet die *Konstruktvalidität* eines Tests. Bei der Überprüfung des nomologischen Netzwerks eines Konstruktes wird zwischen konvergenter und diskriminanter Validität unterschieden. Unter konvergenter Validität versteht man einen hohen Zusammenhang von Messungen, die anhand von Methoden ermittelt werden, die beanspruchen, dieselbe latente Variable zu messen. Unter diskriminanter Validität versteht man einen (möglichst) geringen Zusammenhang von Messungen, die mithilfe von Methoden ermittelt werden, die beanspruchen, theoretisch verschiedene latente Variablen zu messen. Die Techniken, sie zu messen, sind vielseitig (vgl. Kapitel 4.3).

Für das Assessment-Center bedeutet dies: Es ist konstruktvalide, wenn bekannt ist, dass mit diesen Verhaltensaufgaben tatsächlich die Fähigkeiten erfasst werden, die man zu messen beabsichtigt.

In der Personalarbeit ist für *Personalauswahlzwecke* die prognostische Validität des Prädiktors ein zentrales Gütemaß, da sie ein Garant dafür ist, dass die Ergebnisse des Assessment-Center-Verfahrens in empirisch nachweisbarer Beziehung zum späteren Berufserfolg stehen.

Für *Personalentwicklungsaspekte* ist hingegen die Konstruktvalidität das entscheidende Gütemaß bei Assessment-Center-Verfahren. Sie gibt an, ob die intendierten Konstrukte im Assessment-Center auch tatsächlich erfasst werden. Individuelle Stärken-/Schwächenanalysen für die einzelnen Teilnehmer im Assessment-Center und darauf aufbauende individuenbezogene

Fördermaßnahmen machen natürlich nur dann Sinn, wenn die Ausprägung in den entsprechenden Anforderungsdimensionen für die Teilnehmer auch tatsächlich erfasst wird.

Ob und inwiefern diesen Aspekten Rechnung getragen wird, wird nun anhand bislang vorliegender Modelle referiert.

2.1 Simulationsorientierter Ansatz

Assessment-Center simulieren erfolgskritische Situationen des beruflichen Alltags. Die situativen Übungen dienen dazu, typische – und nicht einfach zu lösende – Situationen des Alltags abzubilden. Sie sind im Gegensatz zu Arbeitsproben so konzipiert, dass fachliche Voraussetzungen nur eine geringe Rolle spielen. Die zugrunde liegenden Verhaltensanforderungen sollen beobachtet und protokolliert werden, um über verhaltensrelevante Bewältigungsfertigkeiten Aussagen zu bekommen.

Annahmen zur prädiktiven Validität von Assessment-Centern

Annahmen sind nun:

> 1. Das gezeigte Verhalten weist eine gewisse Stabilität auf, sodass Prognosen in die Zukunft möglich sind.

Diese Annahme ist allen eignungsdiagnostischen Verfahren zu eigen. Ohne eine Stabilität im Verhalten ist keine Prognose möglich. Stabilität im Verhalten bedeutet hier, dass sich die Rangreihe der Teilnehmer zueinander über die Zeit nur geringfügig verändert. Es ist allerdings durchaus möglich und erwünscht, dass sich individuelles Verhalten über die Zeit für alle Betroffenen verändert. Ansonsten wäre der Ansatz einer gezielten Personalentwicklung nicht möglich.

> 2. Die Teilnehmer verhalten sich in diesen Aufgaben ähnlich wie zukünftig im Beruf.

In den Übungen sind Beobachter zugegen, und es handelt sich um eine Prüfungssituation von hoher persönlicher Bedeutung für die Betroffenen. Dies hat Konsequenzen für das Verhalten im Assessment-Center. Angenommen wird nun, dass dieses durchaus veränderte Verhalten der Teilnehmer nicht systematisch mit ihrer tatsächlichen Leistungsfähigkeit später im Beruf interagiert.

> 3. Die Verhaltensübungen entsprechen tatsächlich den relevanten Situationen im Beruf.

Die Übungen müssen so gestaltet sein, dass die beobachtbaren Verhaltensstichproben mit dem Verhalten und damit der Leistung im Beruf zusammenhängen.

4. Die Beobachter sind fähig und willens, zuverlässig die Verhaltensausprägungen zu erfassen.

Eine wesentliche Voraussetzung für eine gute Prognoseleistung eines diagnostischen Verfahrens ist, dass die Datenerhebung zuverlässige Messergebnisse liefert. Die Beobachter müssen demnach beobachtetes Verhalten eindeutig Dimensionen zuordnen können sowie die Ausprägung auf diesen Dimensionen bestimmen können. Dies setzt neben einem klaren Aufgabenverständnis auch eine ausreichende Informationsverarbeitungskapazität der Beobachter voraus, um ihre Eindrücke von mehreren Teilnehmern in mehreren Übungen auf mehreren relevanten Dimensionen fehlerfrei verarbeiten zu können.

Der simulationsorientierte Ansatz enthält die theoretischen Überlegungen, warum Assessment-Center funktionieren sollen. Forschungsergebnisse zeigen nun, dass zum einen die Prognosen für Assessment-Center vergleichsweise verlässlich sind (vgl. Becker et al., 2011; Gaugler, Rosenthal, Thornton & Bentson, 1987), was vordergründig eine Bestätigung obiger Annahmen bedeutet, dass zum anderen aber die messgenaue Erfassung der Ausprägung auf den Dimensionen nicht gelingt (vgl. Sackett & Dreher, 1982), was zur paradoxen Situation führt, dass Assessment-Center zwar prognostisch valide sind, sich die zugrunde liegenden Annahmen des simulationsorientierten Ansatzes jedoch nicht bestätigen lassen. Es ist bekannt, dass Assessment-Center prognostisch valide Aussagen treffen, aber teilweise ist noch offen, warum. Genauere Belege für dieses Ergebnis werden im Kapitel 4.3 dargestellt sowie im Kapitel 3 die Forschungsbemühungen der letzten 30 Jahre zur Verbesserung dieser unbefriedigenden Situation. Aus Sicht der Praxis ist dieses Ergebnis ebenfalls relevant, weil zwar Aussagen im Personalauswahlbereich getroffen werden können, die Aussagen zur Personalentwicklung jedoch fraglich sind, da die genaue Erfassung der Dimensionsausprägungen (Konstruktvalidität) offensichtlich nicht gelingt.

Unklare Ursachen der prädiktiven Validität von Assessment-Centern

Wissenschaftler haben sich aufgrund dieser Forschungslage Gedanken gemacht, welche anderen bzw. weiteren Modelle eine Rolle spielen könnten, um das Zustandekommen der Validität von Assessment-Center-Verfahren erklären zu können. Sechs Erklärungsmodelle sind in der Diskussion, indirekte Kriterienkontamination, direkte Kriterienkontamination, genereller Leistungsfaktor, verwendete Dimensionen, selbsterfüllende Prophezeiung und soziale Intelligenz. Die beiden ersten Thesen haben ihren Fokus stärker auf dem Verhalten der Beobachter und Organisationsmitglieder, während die beiden folgenden Thesen auf die Assessment-Center-Konstruktion fokussieren. Die zwei letzten Thesen betrachten das Teilnehmerverhalten.

2.2 Indirekte Kriterienkontamination

Sind Assessment-Center valide, weil die Teilnehmer so wahrgenommen werden wie vermeintlich erfolgreiche Manager?

Die Annahme der indirekten Kriterienkontamination ist einfach zu erläutern. Die Manager, welche als Beobachter eingesetzt sind, haben genaue Kenntnis über die Kultur der Organisation. Sie wissen, welches Verhalten positiv bewertet wird und welches Verhalten weniger Erfolg versprechend ist. Annahme ist nun, dass die Beobachter weniger auf die Ausprägung in den einzelnen Dimensionen achten, sondern eher darauf, ob der Kandidat in seinem Verhalten dem „Stereotyp" des erfolgreichen Managers entspricht. Die Ausprägung auf allen Dimensionen wird von diesem Bias stark beeinflusst. Der zweite Teil der Annahme besteht nun darin, dass zu einem späteren Zeitpunkt im Beruf die Entscheidungen ähnlich ablaufen. Weniger das tatsächliche Verhalten, sondern eher die Übereinstimmung zum Stereotyp eines erfolgreichen Managers wird bewertet. Inwiefern dann die gefundene Validität des Assessment-Centers Leistung abbildet oder nicht, bleibt offen, da der Zusammenhang zwischen dem Stereotyp eines erfolgreichen Managers und dessen Leistung ebenfalls nicht geklärt ist.

Für diese These spricht manches. So kann sie den Widerspruch zwischen der vorhandenen prognostischen Validität und dem Nicht-Erfassen der Dimensionen gut erklären. Assessment-Center sind prognostisch valide, weil sie ähnliche Urteile von Stereotypen miteinander korrelieren. Die Dimensionen werden nicht erfasst, weil die Beobachter jeweils in den Übungen nicht auf die Dimensionsausprägungen achten, sondern auf die Übereinstimmung mit dem Stereotyp eines erfolgreichen Managers. In einer Studie von Exler und Kleinmann (1997) konnte eine erste empirische Bestätigung für Mitglieder einer Organisation gefunden werden.

Gegen diese These spricht hingegen, dass Assessment-Center auch für reine Leistungskriterien, die nicht durch Managementstereotype indirekt kontaminiert sein können, prognostisch valide sind (Gaugler et al., 1987). Auch zeigte sich, dass Urteile von Psychologen ebenfalls valide sind, obwohl bei dieser Gruppe keine Kenntnis des „erfolgreichen Managers" vorausgesetzt werden kann. Interessant in diesem Zusammenhang ist die Studie von Damitz, Manzey, Kleinmann und Severin (2003), in der sich zeigte, dass fachliche Experten (Manager) und Psychologen jeweils für unterschiedliche Dimensionen die besseren Vorhersagen geben konnten. So zeigte sich, dass Psychologen interpersonale Kompetenzen besser vorhersagen können, während sonstige Leistungsmaße von Psychologen und Fachvorgesetzten gleichermaßen gut prognostiziert werden können. Konsistent mit diesem Befund ist das Ergebnis von Gaugler et al. (1987), dass bei einer Gruppe von

Beobachtern, welche aus Psychologen und Managern besteht, die Validität von Assessment-Center-Verfahren höher ist als bei einer Gruppe von Beobachtern, welche nur aus Managern besteht.

Auch wenn es nur wenig empirische Bestätigung für den Mechanismus der indirekten Kriterienkontamination gibt, lassen sich die zugrunde liegenden Gedanken für spezifische Fragestellungen dennoch gewinnbringend nutzen. Letztendlich weisen diese Überlegungen der indirekten Kriterienkontamination große Ähnlichkeiten zum Konzept des Person-Organisation Fit (P-O fit) auf (Kristof, 1996). Für eine Messung des P-O fit konnten McCulloch und Turban (2007) in einer Studie zeigen, dass bei einer höheren Übereinstimmung individueller Werte mit den Organisationswerten (hoher P-O fit) besser Kündigung und Arbeitszufriedenheit vorhergesagt werden konnten, allerdings nicht Leistung, was einerseits den praktischen Nutzen des P-O fit Konzepts verdeutlicht, aber auch aufzeigt, dass Aspekte der individuellen Passung nicht Leistung vorhersagen. Eine Messung des P-O fit ist sicher für diejenigen Arbeitsfelder ergänzend zum Assessment-Center nützlich, in denen eine hohe Fluktuation zu erwarten ist.

2.3 Direkte Kriterienkontamination

Assessment-Center sind kostenintensiv. Firmen haben ein Interesse daran, dass die Ergebnisse dieser Verfahren auch umgesetzt werden. Insofern wäre es naheliegend, wenn die Ergebnisse des Assessment-Centers auch in entsprechende Personalentscheidungen der Zukunft umgesetzt werden würden. Die Validität der Verfahren käme dann dadurch zustande, dass aufgrund der Ergebnisse der Assessment-Center Entscheidungen getroffen werden, die dann ihrerseits wiederum als Bestätigung für die Güte des Verfahrens herangezogen werden – ein Kreisschluss. So plausibel diese Erklärung für das Zustandekommen der prognostischen Validität ist, empirisch lässt sie sich nicht halten. In einer klassischen Studie bei AT&T (Bray & Grant, 1966) wurden Assessment-Center zu Forschungszwecken durchgeführt. Von den Beobachtern wurde für mehrere Hundert Bewerber prognostiziert, ob sie 8 bzw. 16 Jahre später im mittleren Management bei AT&T sein würden. Das Ergebnis war, dass Assessment-Center ein guter Prädiktor für den Berufserfolg sind. Dieses Ergebnis steht noch nicht im Widerspruch zur These der direkten Kriterienkontamination. Das Besondere an der Studie war, dass allerdings aufgrund der Ergebnisse der Assessment-Center keinerlei Entscheidung getroffen wurde und dass niemand in der Organisation Kenntnis über die Ergebnisse bekam. Dennoch waren Assessment-Center prognostisch valide. Insofern kann die direkte Kriterienkontamination als Erklärung für die Validität von Assessment-Centern ausgeschlossen werden.

Nachfolgende Studien, die die Validität von Assessment-Centern ohne Bekanntgabe der Ergebnisse mit Verfahren, bei denen Assessment-Center-

Sind Assessment-Center valide, weil erfolgreiche Teilnehmer aufgrund der Ergebnisse im Unternehmen Karriere machen?

Ergebnisse betriebsintern umgesetzt wurden, vergleichen, zeigen, dass die Validität sich zwischen diesen Studien nicht substanziell unterscheidet (Gaugler et al., 1987). Auch weisen Studien, bei denen ein zeitgleiches Validitätskriterium (konkurrente Validität) herangezogen wurde, ebenfalls vergleichbare Validitätskoeffizienten auf zu Studien, bei denen das Validitätskriterium später erhoben wurde. Die interessante Studie von McEvoy und Beatty (1989) spricht ebenfalls gegen den Mechanismus der direkten Kriterienkontamination. In dieser Studie wurden Mitarbeiter gebeten ihre Vorgesetzten auf Leistungsdimensionen mehrere Jahre nach dem Assessment-Center einzuschätzen. Ihnen wurde versichert, dass diese Einschätzungen anonym bleiben. Die gemittelten Mitarbeitereinschätzungen der Vorgesetzten (im Durchschnitt mehr als fünf Einschätzungen pro Vorgesetztem) dienten als Kriterium. Die prognostische Validität dieser Assessment-Center blieb für mehrere Messungen (zwei, vier und sieben Jahre später) konstant. Auch dies spricht gegen die Annahme der direkten Kriterienkontamination. Ebenfalls kann mit dieser Annahme nicht erklärt werden, warum die Dimensionsausprägungen so schlecht erfasst werden. Insgesamt handelt es sich bei der direkten Kriterienkontamination um eine plausible These, die jedoch wenig empirische Unterstützung erfahren hat.

2.4 Genereller Leistungsfaktor

Sind Assessment-Center valide, weil sie lediglich „gute" von „schlechten" Teilnehmern trennen können?

Eine der traditionellen Grundannahmen beim Assessment-Center ist, dass die Anforderungsdimensionen transsituativ stabil gemessen werden können und dass diese Anforderungsdimensionen voneinander differenzierbar sind. Lance, Foster, Nemeth, Gentry und Drollinger (2007) stellen diese Grundannahme infrage. Lance untersuchte in verschiedenen Studien (Lance, Foster, Gentry & Thoresen, 2004; Lance et al., 2007; Lance, Lambert, Gewin, Lievens & Conway, 2004; Lance, Newbolt, Gatewood, Foster, French & Smith, 2000) die faktorielle Struktur von Assessment-Centern. In der Regel lässt sich seiner Meinung nach die Datenstruktur von Assessment-Centern am besten dadurch abbilden, dass ein genereller Leistungsfaktor und zusätzlich spezifische Übungsfaktoren gebildet werden. Demnach werden Personen entweder als erfolgreich oder als nicht erfolgreich wahrgenommen. Beobachter scheinen sich demnach in erster Linie einen Allgemeineindruck über die Kandidaten zu bilden. Zu diesen Gedanken passt, dass metaanalytische Forschung zeigen konnte, dass eine größere Anzahl an Übungen die Validität von Assessment-Centern erhöht (Gaugler et al., 1987). Zusätzlich postuliert Lance aufgrund seiner Forschungsergebnisse noch übungsspezifische Effekte. Dies bedeutet, dass er die Übungsfaktoren im Assessment-Center nicht als unerwünschte Fehlervarianz betrachtet, sondern annimmt, dass sie für das Abschneiden im Assessment-Center ebenfalls wichtig sind. Dies heißt, dass Teilnehmer zusätzlich unterschiedlich gut, je nach vorhandenem Arbeitswissen, in den einzelnen Übungen bewertet werden. Konstruktvalidität haben Lance und Kollegen (2007) für Assessment-Center insofern postuliert, als sie annehmen, dass der generelle Leistungsfaktor mit für Berufserfolg relevanten allgemeinen Persönlichkeitseigenschaften korreliert. Empirisch konnten sie zeigen, dass die für Berufserfolg relevanten Persönlichkeitsmerkmale Gewissenhaftigkeit, Emotionale Stabilität und Offenheit für Neues substanziell mit dem allgemeinen Leistungsfaktor kovariieren. Die übungsspezifischen Faktoren sollten mit spezifischem Arbeitswissen korrelieren, was sich auch empirisch zeigen ließ (Lance et al., 2007).

Da sich das Abschneiden von Teilnehmern offensichtlich am besten durch einen generellen Leistungsfaktor und übungsspezifische Effekte modellieren lässt, machen Lance et al. (2007) relativ radikale Vorschläge zur Gestaltung von Assessment-Centern. Zum einen sollten Assessment-Center nicht „dimension-based" sondern „tasked-based" konstruiert werden (vgl. hierzu auch Sarges, 2009 sowie Jackson, Ahmad, Grace & Yoon, 2011). Dies bedeutet, dass Beobachter lediglich beurteilen sollten, ob jemand eine Aufgabe gut oder weniger gut bewältigt hat. Auch bedeutet dies, dass die Anforderungsanalyse sich nicht an den für den Job relevanten Fähigkeiten und Fertigkeiten orientieren sollte, sondern an den für den Job relevanten Aufgaben. Für die Ausgestaltung des Assessment-Centers hieße dies, dass möglichst viele unterschiedliche Übungen konstruiert werden sollten, um den generellen Leistungsfaktor möglichst gut zu erfassen. Weiterhin sollten die einzelnen Aufgaben möglichst realitätsnah gestaltet werden, damit sie gut relevantes „job knowledge" erfassen. So plausibel dieser Ansatz auf den ersten Blick erscheint, hat er doch einige gravierende Nachteile: Zum einen gibt es nach wie vor keine etablierte Methode der Anforderungsanalyse zur Erfassung relevanter Situationen, aufgrund derer Übungen oder Arbeitsproben konstruiert werden könnten. Zum Zweiten sollten Aspekte des „job knowledge" im Sinne einer fairen Kandidatenbewertung möglichst klein gehalten werden. Es sollte in erster Linie darum gehen, Personen in ihren Fähigkeitsausprägungen fair einschätzen zu können, unabhängig davon, welche biografischen Erfahrungen sie gemacht haben. Zum Dritten gestaltet sich die Vermittlung der Ergebnisrückmeldung sehr schwierig, wenn lediglich gesagt werden kann, dass jemand Aufgabe A gut bewältigt hat und Aufgabe B weniger gut. Teilnehmende und Vorgesetzte erwarten eine Rückmeldung, die sich sprachlich an Personenmerkmalen orientiert.

Ein Verdienst des Ansatzes von Lance und Kollegen (2007) besteht aber sicher in der Kreativität des Ansatzes sowie darin, nochmals darauf hingewiesen zu haben, dass möglichst viele unterschiedliche Übungen für ein Assessment-Center sinnvoll sind. Auch kann er erklären, warum die Dimensionsfaktoren nicht erfasst werden, obwohl Assessment-Center prognostisch valide sind.

2.5 Verwendete Dimensionen

Hängt die Validität von den verwendeten Dimensionen ab?

Die im Assessment-Center verwendeten Dimensionen sollten konvergent valide, d. h. über Situationen, Aufgaben, das Assessment-Center-Ergebnis hinweg stabil und diskriminant valide, d. h. voneinander trennbar sein. So sollten unterschiedliche Dimensionen zu unterschiedlichen Ergebnissen innerhalb einzelner Aufgaben führen. Die (ad hoc) Verwendung von Assessment-Center-Dimensionen ist nun eine der zentralen Schwachstellen vieler Assessment-Center. So zeigen sich in Überblicksarbeiten (Arthur, Day, McNelly & Edens, 2003; Bowler & Woehr, 2006), dass in den veröffentlichten Studien bis zu 168 verschiedene Dimensionsbenennungen gewählt werden. Diese verwendeten – und häufig ad hoc definierten – Anforderungsdimensionen werden in Nordamerika in der Hälfte der Fälle (51 %) zu „ einem hohen Grad" aus Arbeitsanalysen systematisch abgeleitet, während dies in Westeuropa nur in 9 % der Fälle so zu sein scheint (Krause & Thornton, 2009, S. 563). Als Reaktion auf diesen „Wildwuchs" an ad hoc-Dimensionen haben verschiedene Autoren versucht, diese Dimensionen in Klassifikationssystemen einzuordnen. Das am häufigsten verwendete System stammt von Arthur et al. (2003). Arthur und drei Kollegen entwickelten für die vielen einzelnen Dimensionsbezeichnungen ein Kategoriensystem, welches aus folgenden sieben Kategorien bestand und möglichst viele der in der Literatur genannten Anforderungsdimensionen integrieren sollte:
– Kommunikation (Communication)
– Aufmerksamkeit für andere (Consideration/Awareness of Others)
– Organisieren und Planen (Organizing and Planning)
– Probleme lösen (Problem Solving)
– Andere beeinflussen (Influencing Others)
– Antrieb (Drive) und
– Toleranz für Stress/Unsicherheit (Tolerance for Stress/Uncertainty).

Die letzte Kategorie betrachteten Arthur et al. (2003) selbst jedoch kritisch, weswegen dieses Kategoriensystem in manchen Veröffentlichungen nur die anderen sechs Kategorien verwendet.

Neben diesem etablierten System von Arthur et al. (2003) haben Borman und Brush (1993), Kolk, Born und van der Flier (2004), sowie Shore, Thornton und Shore (1990) ebenfalls Klassifikationssysteme entwickelt. Diese Klassifikationssysteme unterscheiden sich in erster Linie durch die Anzahl und die Breite der verwendeten Kategorien. Allerdings beruht nur eines der vorgeschlagenen Kategorisierungssysteme auf empirischen Untersuchungen, nämlich dasjenige von Borman und Brush (1993).

Arthur et al. (2003) konnten nun zeigen, dass die sechs verschiedenen Anforderungskategorien jeweils für verschiedene Kriterien prognostisch valide waren. Dilchert und Ones (2009) zeigten weiterhin, dass die sieben Anforderungskategorien von Arthur et al. (2003) sinnvolle und substanziell bedeutsame Zusammenhänge zu Intelligenz und den fünf zentralen Persönlichkeitsmerkmalen (Gewissenhaftigkeit, Emotionale Stabilität, Offenheit für Neues, Introversion – Extraversion, Verträglichkeit) aufweisen. Meriac, Hoffman, Woehr und Fleisher (2008) konnten zudem nachweisen, dass die von Arthur et al. postulierten sieben zentralen Anforderungsdimensionen unterscheidbar sind von den zentralen Persönlichkeitskonstrukten und von Intelligenz und zusätzlich bedeutsam jenseits dieser Konstrukte für die Vorhersage von Berufserfolg sind. Hoffman, Melchers, Blair, Kleinmann und Ladd (2011) konnten schließlich belegen, dass ein Modell, welches eine Taxonomie wie z. B. diejenige von Arthur et al. (2003) zur Bildung breiter Anforderungsdimensionen zugrunde legt und die Annahme eines generellen Leistungsfaktors (Lance et al., 2007) sowie von Übungsfaktoren integriert, Daten von Assessment-Centern besonders gut abbildet. Sie demonstrierten für vier große unabhängige Stichproben, dass das Hinzunehmen von breiten Dimensionsfaktoren in einem Modell die Daten besser repräsentiert als wenn sie nach dem Modell von Lance et al. (2007) modelliert werden. Auch konnten sie belegen, dass für die Kriteriumsvalidität breite Dimensionsfaktoren wichtiger sind als die Übungsfaktoren innerhalb der Assessment-Center.

> Zusammenfassend kann man damit konstatieren, dass Dimensionsfaktoren im Assessment-Center durchaus bedeutsam sind, sie sollten sich allerdings an etablierten und empirisch getesteten breiten Anforderungsdimensionen orientieren. Ansonsten findet man lediglich einen generellen Leistungsfaktor, der für die prädiktive Validität der Assessment-Center verantwortlich zu sein scheint, eine Dimensionserfassung aber verhindert.

2.6 Selbsterfüllende Prophezeiungen

Nicht jeder kann an einem Assessment-Center teilnehmen. Personen, die zu einem Assessment-Center eingeladen werden und positiv bewertet werden, verarbeiten dies als Rückmeldung, dass sie in hohem Maße kompetent sind. Diese geänderte Selbstwahrnehmung kann nun – so ist die Annahme – zu einem veränderten Selbstbild und verändertem Verhalten führen. Die Teilnehmer werden kompetenter, weil sie für kompetent erklärt wurden. Oder Teilnehmer entwickeln Selbstzweifel, weil sie als weniger kompetent bewertet werden. Demnach wären Assessment-Center prädiktiv valide, weil sich je nach Rückmeldung die Anstrengungen, das Selbstbild und das gezeigte Verhalten verändern – eine selbsterfüllende Prophezeiung. So plausibel die Annahme klingt – empirisch gibt es auch hierfür wenig Unterstützung. Assessment-Center sind, wie bereits erwähnt, auch dann valide, wenn Teilnehmer kein Feedback bekommen (vgl. Bray & Grant, 1966). Ebenso

Sind Teilnehmer nach einem Assessment-Center erfolgreich, weil sie als kompetent bewertet wurden?

ist dies der Fall, wenn sie konkurrent validiert werden, womit postulierte Effekte der Rückmeldung ausgeschlossen wären. Auch bleibt beim Zugrundelegen dieser These ungeklärt, warum die Dimensionen nicht erfasst werden.

2.7 Soziale Intelligenz

> Sind Assessment-Center valide, weil Personen unterschiedlich gut erkennen, welches Verhalten positiv bewertet wird?

Es besteht die Annahme, dass sich Teilnehmer im Assessment-Center ähnlich verhalten wie im Beruf. Demnach sollten sie in einem Personalauswahlverfahren lediglich auf das Übungsmaterial, im Beruf auf die Arbeitsanforderungen des Jobs reagieren. Eigene weiterführende Gedanken der Teilnehmer, die zu einem möglichst guten Abschneiden führen, sind peripher. Die Teilnehmer lassen sich „passiv" messen. Im Assessment-Center reagieren sie auf das Übungsmaterial und im Beruf auf die Arbeitsaufgabe. Insofern könnten die geringe konvergente Validität und die geringe diskriminante Validität auch dadurch bedingt sein, dass sich Teilnehmer über Übungen hinweg – aus welchen Gründen auch immer – variabel auf identischen Dimensionen verhalten und innerhalb einer Übung manchmal kein differenziertes Verhalten für verschiedene Dimensionen zeigen. Lievens (2002) prüfte in einer aufwendigen Untersuchung, ob variierendes und konsistentes Verhalten von Teilnehmern zwischen und innerhalb von Übungen von den Beobachtern adäquat bewertet wird. Dazu ließ er Beobachter Videos bewerten, bei denen die Variabilität von Verhalten innerhalb von Übungen und die Variabilität von Verhalten zwischen Übungen variiert wurden. Ergebnis war, dass die Beobachter sehr wohl in der Lage sind, die unterschiedlichen Verhaltensweisen von Teilnehmern adäquat einzuschätzen, was ein Beleg dafür ist, dass Beobachter in der Lage sind, adäquat Verhalten zu bewerten. Möglicherweise ist demnach das Teilnehmerverhalten in realen Assessment-Centern nicht so stabil wie von den Konstrukteuren angenommen und gewünscht wurde.

Dem gegenüber steht ein Modell, in dem postuliert wird, dass Teilnehmer in jeder Situation versuchen, insbesondere wenn sie bewertet werden, zu erkennen, welches Verhalten angemessen ist und welches nicht (vgl. Kleinmann, Ingold, Lievens, Jansen, Melchers & König, 2011). Teilnehmer versuchen dann ihr Verhalten bzgl. der vermuteten Bewertungskriterien zu optimieren, d. h. sie adaptieren es je nach Situationswahrnehmung. Für das Assessment-Center bedeutet dies, dass Teilnehmer die meist nicht offen gelegten Anforderungsdimensionen (vgl. Höft & Obermann, 2010; sowie Spychalski, Quiñones, Gaugler & Pohley, 1997) zu erkennen versuchen. Im Job werden sie ebenfalls versuchen zu erkennen, welches Verhalten sozial angemessen ist und positiv bewertet wird. Demnach würden in beiden Situationen Teilnehmer besser bewertet, die im Sinne einer sozialen Intelligenz eher erkennen, welche Verhaltensweisen jeweils angemessen sind und zu

Erfolg führen mit der Konsequenz, dass sie ihr Verhalten situationsadäquat ausrichten. Assessment-Center wären somit valide, weil sich Teilnehmer in ihrer sozialen Intelligenz sowohl in diesen Verfahren als auch im späteren Beruf voneinander unterscheiden. Sozial intelligente Teilnehmer wissen eher, worauf es ankommt und adaptieren ihr Verhalten situationsangemessen. Dies führt im Assessment-Center wie auch im Beruf zu besseren Einschätzungen und damit zur Validität der Verfahren.

Empirisch gibt es einige Unterstützung für dieses Modell. So zeigte sich, dass Teilnehmer besser im Assessment-Center bewertet werden, wenn sie mehr Anforderungsdimensionen erkennen. Auch zeigte sich, dass Teilnehmer sich in ihrer Fähigkeit, Anforderungsdimensionen zu erkennen (soziale Intelligenz), unterscheiden (Kleinmann, 1993). In der gleichen Studie konnte Kleinmann auch zeigen, dass Teilnehmer in verschiedenen Übungen konsistenter bewertet werden, wenn sie eine identische Anforderungsdimension in zwei verschiedenen Übungen jeweils als relevant erachtet hatten, als wenn sie die Anforderungsdimension nur in einer Übung erkannt hatten. Werden Assessment-Center-Dimensionen den Teilnehmern gegenüber bekanntgegeben, können die Dimensionen besser erfasst werden, da alle Teilnehmer wissen, welche Anforderungsdimensionen bewertet werden. Diese Ergebnisse zeigten sich sowohl im Labor (Kleinmann, Kuptsch & Köller, 1996) als auch im Feld (Kolk, 2001). Auch zeigte sich, dass die Kriteriumsvalidität bei Bekanntgabe der Dimensionen sinkt. Sie sollte geringer ausfallen, weil bei Bekanntgabe der Anforderungsdimensionen die Bedeutung der sozialen Intelligenz gemindert wird, da nun alle Teilnehmer wissen, unabhängig ob sozial intelligent oder nicht, worauf es ankommt. Im Kriterium ist für ein gutes Abschneiden diese soziale Intelligenz aber unverändert wichtig. Empirisch konnte dies im Labor für die konkurrente (Kleinmann, 1997b) und im Feld für die prädiktive Validität (Smith-Jentsch, 1996) bestätigt werden. So zeigte sich bei Bekanntgabe der Anforderungsdimensionen (transparente Bedingung) eine geringere Kriteriumsvalidität als bei Verschweigen der Anforderungsdimensionen. Zusammenfassend kann dieser Ansatz mit einer Reihe weiterer Studien bei Kleinmann et al. (2011) nachgelesen werden. Wie die Fähigkeit, Anforderungen zu erkennen, gemessen werden kann (ATIC = ability to identify criteria), wird dort ebenfalls beschrieben. Diese Erklärung bietet einen durch etliche Studien empirisch überprüften Ansatz für die schlechte Dimensionserfassung bei gleichzeitig befriedigender Kriteriumsvalidität.

Jeder der zuvor beschriebenen Ansätze ist per se plausibel, wobei die empirische Stützung für die einzelnen Modelle unterschiedlich ausfällt. Wahrscheinlich ist die Validität von Assessment-Center-Verfahren nicht ausschließlich durch das eine oder das andere Modell erklärbar, sondern eher im Zusammenspiel der einzelnen Modelle zu finden.

Zusammenspiel vieler Erklärungsansätze

3 Analyse und Maßnahmenempfehlung

Assessment-Center werden häufig nicht evaluiert

Assessment-Center werden seit Jahrzehnten durchgeführt. Nur in den seltensten Fällen werden sie in den Betrieben anschließend auch evaluiert. Dies ist auch angesichts des damit verbundenen Aufwands nicht weiter verwunderlich. Meist sind die Anwender davon überzeugt, dass *ihre* Assessment-Center valide sind. Letztendlich ist dies jedoch mehr ein Glaube als gesichertes Wissen.

Randbedingungen sollten beachtet werden

Anwender können jedoch davon ausgehen, dass Assessment-Center dann valide sind, wenn eine Reihe von Randbedingungen beachtet werden. Diese Randbedingungen werden natürlich keineswegs immer in deutschsprachigen Betrieben eingehalten, wie die Studien von Krause, Meyer zu Kniendorf und Gebert (2001) sowie Höft und Obermann (2010) aufzeigen, möglicherweise auch deswegen, weil das Wissen über aktuelle und gesicherte Forschungsergebnisse bei Personalmanagern verbessert werden sollte. Diese Randbedingungen beeinflussen nun zum einen, inwieweit Assessment-Center prognostisch valide sind (Personalauswahl, Potenzialanalyse) und zum anderen, inwiefern die Dimensionen durch die Beobachter erfasst werden können (Personalentwicklung).

Was bei der Durchführung und Konstruktion beachtet werden sollte, um tatsächlich valide Ergebnisse zu bekommen, wird im Folgenden dargestellt. Dazu werde ich einführend über Charakteristika der Beobachter (z. B. Manager vs. Psychologen) und der Beurteilten (Geschlecht, Alter) den Forschungsstand darstellen. Anschließend wird die Gewinnung und Art der Anforderungsdimensionen und Übungen vorgestellt. Das Beobachtertraining und die Beobachtungsmöglichkeiten werden im Folgenden besprochen, bevor auf die verschiedenen Möglichkeiten der Datenintegration (inkl. Beobachterkonferenz) und das Feedback eingegangen wird.

3.1 Beobachter und Teilnehmer

Das Alter der Beobachter, deren Hautfarbe, der Bildungsstand, die hierarchische Position, die Erfahrung als Beobachter und die Erfahrung mit der Zielstelle sind Variablen, deren Einfluss auf die Bewertungen im Assessment-Center untersucht wurde (Lowry, 1993). Ergebnis ist, dass keine dieser Variablen einen Einfluss auf die Beurteilung hat, lediglich das Alter der Beobachter hat einen marginalen Einfluss. Bei der Frage, ob das Geschlecht der Beobachter einen Einfluss auf das Beobachtungsverhalten hat, sind die Ergebnisse uneinheitlich. Generell kann gesagt werden, dass Männer nicht anders urteilen als Frauen (Binning, Adorno & Williams, 1995; Weijerman & Born, 1995). Allerdings konnten Walsh, Weinberg und Fairfield (1987) in einer Studie zeigen, dass speziell Männer weibliche Teilnehmerinnen für eine Vertriebstätigkeit in der Regel besser bewerten als männliche Teilnehmer für die gleiche Tätigkeit. Dieses Ergebnis ließ sich in zwei nachfolgenden Studien jedoch nicht bestätigen (Shore, Taschian & Adams, 1997; Weijerman & Born, 1995).

Ob das *Beobachterteam* aus Linienmanagern, Psychologen oder einer Mischung aus den verschiedenen Berufsgruppen bestehen sollte, ist eine in der Praxis häufig diskutierte Frage. Nach der Metaanalyse von Thornton, Gaugler, Rosenthal und Bentson (1987) steigt die Validität von Assessment-Centern, wenn Psychologen als Beobachter hinzugezogen werden im Vergleich zu Assessment-Centern, an denen keine Psychologen teilnahmen. Worauf diese Unterschiede zurückzuführen sein können, war Gegenstand mehrerer Untersuchungen. So fanden Sagie und Magnezy (1997), dass Psychologen besser zwischen den einzelnen Dimensionen differenzieren können als Manager. Die Einschätzungen der Psychologen bildeten alle fünf Dimensionen ab, die der Manager lediglich zwei der fünf Dimensionen. Lievens (1999) fand ebenfalls, dass die Urteile der Manager weniger differenzieren als die von fortgeschrittenen Psychologiestudenten, allerdings war die Genauigkeit der Einschätzungen bezogen auf unternehmensinterne Normen und Werte bei den Managern höher. Ebenfalls bestätigt wurde in der Studie von Damitz et al. (2003), dass Fachvorgesetzte auf anderes achten als Psychologen. So zeigte sich in dieser Längsschnittstudie, dass die Vorhersage des zwischenmenschlichen Verhaltens Psychologen besser gelingt, während Fachvorgesetzte und Psychologen Aspekte der Handlungskompetenz gleichermaßen vorhersagen können. Diese Ergebnisse konnten zusammenfassend in den Arbeiten von Lievens und Conway (2001) sowie in der Metaanalyse von Arthur et al. (2003) bestätigt werden. In der Metaanalyse zeigte sich zudem, dass die Dimensionen besser und trennschärfer erfasst werden können, d. h. die Konstruktvalidität deutlich besser ausfällt, wenn Psychologen die Einschätzungen vorgenommen hatten.

Validitätssteigerung, wenn Psychologen als Beobachter hinzugezogen werden

> **Fazit**
>
> Bei der Zusammensetzung des Beobachterteams ist eine Mischung aus Managern und Psychologen zu empfehlen, da so die höchste Vorhersagegenauigkeit erzielt werden kann. Alter, hierarchische Position und Geschlecht der Beobachter sind von untergeordneter Bedeutung.

Das *Geschlecht* der Teilnehmer als Faktor für das Abschneiden wurde in vielen Assessment-Centern untersucht. Weijerman und Born (1995) fanden keine Unterschiede. Ein leicht besseres Abschneiden für Frauen fand sich in einer Studie von Neubauer (1990) sowie bei Schmitt (1993). Auch scheint eine höhere Attraktivität der Teilnehmer zu einer besseren Bewertung zu führen (Morrow, McElroy, Stamper & Wilson, 1990). Die Größe der Effekte ist jedoch insgesamt eher klein. Zusammenfassend zeigt sich in der Metaanalyse von Dean, Roth und Bobko (2008), dass Frauen in der Regel etwas besser in Assessment-Centern abschneiden als Männer.

Insbesondere bei internationalen Assessment-Centern unterscheiden sich die Teilnehmer hinsichtlich ihrer *Hautfarbe*. Hoffman und Thornton (1997) sichteten die Studien in diesem Feld und fanden, dass es Studien gibt, in denen Unterschiede existieren. Meist waren diese geringer als eine Standardabweichung. Hellhäutige Mitarbeiter wurden besser bewertet. Es gibt aber auch eine Reihe von Studien, in denen sich keine Unterschiede fanden. Als eine mögliche Erklärung für die Unterschiede zwischen den Studien vermuten Goldstein, Yusko, Braverman, Smith und Chung (1998) die Art der Übungen. Sie fanden, dass in Assessment-Centern, die vornehmlich Übungen enthielten, welche kognitive Fähigkeiten forderten (z. B. Postkorb), Unterschiede zu finden waren, während andere Assessment-Center keine Unterschiede zwischen den Teilnehmern in Abhängigkeit von der Hautfarbe fanden. Gegensätzlich zu dieser These ist das Ergebnis einer groß angelegten Studie mit 3.399 Teilnehmern. In dieser Studie fanden sich in einem Postkorb keine Effekte für unterschiedliches Abschneiden in Abhängigkeit von der Hautfarbe (Rotenberry, Barrett & Doverspike, 1999). Durch die erwähnte Metaanalyse von Dean et al. (2008) lässt sich diese berichtete und widersprüchlich erscheinende Forschungslage jedoch klar beantworten. Anders als in früheren Studien bisweilen vermutet, schneiden Personen mit schwarzer Hautfarbe deutlich schlechter ab als Personen mit weißer Hautfarbe. Diese Unterschiede sind allerdings bei Assessment-Centern für externe Bewerber größer als für intern Teilnehmende. Es gibt im amerikanischen Kulturraum auch Unterschiede zwischen Personen mit weißer Hautfarbe und Personen mit spanischem Hintergrund. Diese Differenzen zugunsten der Personen mit weißer Hautfarbe sind jedoch deutlich kleiner als die Unterschiede zwischen Personen mit weißer Hautfarbe und schwarzer Hautfarbe. Dieses metaanalytisch gesicherte Wissen über unterschiedliche Bewertungen, abhängig von Hautfarbe und kulturellem Hintergrund, ist insbesondere im europäischen Kulturraum für interkulturelle Assessment-Center bedeutsam, wenn es in international ausgerichteten Unternehmen darum geht, Personen auszuwählen.

Jeder ist aufgeregt, wenn er an einem Assessment-Center teilnehmen soll. Das *Maß an Aufregung bzw. Angst* kann jedoch sehr unterschiedlich ausfallen und so möglicherweise das Abschneiden im Assessment-Center stark beeinflussen. Fletcher, Lovatt und Baldry (1997) verglichen das Ausmaß berichteter Angst, welches sie mit etablierten Skalen maßen, mit dem Abschneiden im Assessment-Center. Glücklicherweise zeigte sich kein Zusammenhang zwischen wahrgenommenem Stress und Abschneiden im Assessment-Center. Dies heißt, dass Teilnehmer nicht schlechter bewertet werden, wenn sie in höherem Maß nervös sind.

Der Einäugige ist unter Blinden der König. Dieses Sprichwort bewahrheitet sich leider auch im Assessment-Center. Wie verändert sich mein Rating, wenn ich mit einer Gruppe ausgesprochen fähiger Kollegen beurteilt werde im Gegensatz dazu, wenn ich in eine Gruppe gerate, in denen Teilnehmer mit wenig ausgeprägten Stärken sitzen? Da die Beobachter jeweils „absolut" bewerten sollen (vgl. Jeserich, 1981), sollten keine Unterschiede zu erwarten sein. Gaugler und Rudolph (1992) untersuchten diese Frage empirisch. Ergebnis ist, dass das Abschneiden von Teilnehmern in hohem Maß von der Gruppe abhängig ist. Dies bedeutet, dass ähnliches Verhalten unterschiedlich bewertet wird, abhängig von den Vergleichen (Kontraste), die herangezogen werden. Für die Praxis bedeutet dies, dass eine *einheitliche Vorauswahl* zentral ist, damit sichergestellt ist, dass die Gruppen leistungshomogen sind und keine Kontrasteffekte zu erwarten sind.

Auf homogene Vorauswahl der Teilnehmer achten

Das Verhalten im Assessment-Center kann trainiert werden. Teilnehmer mit *Vorerfahrung* mit Assessment-Centern und Teilnehmer, die trainiert wurden, schneiden besser in den verschiedenen Übungen ab als Teilnehmer, die keine Erfahrung mit Assessment-Centern haben (vgl. Kelbetz & Schuler, 2002; Lievens & Klimoski, 2001). Um eine Vergleichbarkeit der Teilnehmer innerhalb eines Assessment-Centers zu gewährleisten, sollten derartige Effekte durch eine geeignete Vorauswahl ausgeglichen sein. Es macht wenig Sinn, Teilnehmer, die bereits an fünf Assessment-Centern teilgenommen haben, mit Teilnehmern zu beobachten, die den Begriff Assessment-Center noch nie gehört haben. Das Phänomen der Trainierbarkeit von Testleistungen gibt es jedoch auch bei anderen Testverfahren und Interviewtechniken.

Fazit
Bei der Zusammensetzung der Teilnehmer sind Effekte unterschiedlicher Hautfarbe auf die Bewertung wahrscheinlich. Frauen und attraktive Personen werden geringfügig besser bewertet. Die unterschiedliche Angst der Teilnehmer hat glücklicherweise keinen hemmenden Einfluss für das Abschneiden. Bei der Vorauswahl ist insbesondere darauf zu achten, dass die Teilnehmer in etwa gleiches Potenzial besitzen und über ähnliche Vorerfahrungen mit Assessment-Centern verfügen, um Kontrasteffekte zu minimieren.

3.2 Anforderungsdimensionen

Nach den Ergebnissen von Krause et al. (2001) werden bei über 60 % der Unternehmen aus dem deutschen Sprachraum zwischen 6 und 10 Anforderungsdimensionen im Assessment-Center beobachtet und bewertet. Mehr als 20 % der Unternehmen präferieren Assessment-Center mit mehr als 10, teilweise sogar mit mehr als 15 Dimensionen (4,5 %). Lediglich 14,3 % der befragten Unternehmen wählen vier bis fünf Dimensionen. Offen bleibt in dieser Studie, ob diese meist sehr hohe Anzahl an Dimensionen *jeweils* in den einzelnen Übungen beobachtet und bewertet wird oder ob lediglich ein Teil der Dimensionen jeweils zur Einschätzung herangezogen werden soll.

Höft und Obermann (2010) berichten, dass bei ihrer aktuellen Untersuchung aus dem deutschen Sprachraum im Schnitt 12 Dimensionen im Assessment-Center gemessen werden, davon durchschnittlich vier Dimensionen simultan in den einzelnen Übungen.

Anzahl der Anforderungsdimensionen möglichst klein halten

In mehreren Studien hat sich gezeigt, dass die *Anzahl an Dimensionen*, welche gleichzeitig beobachtet werden, limitiert sein sollte. Es ist illusorisch anzunehmen, dass Beobachter in der Lage sind, die Ausprägung auf 10 oder mehr Dimensionen, wie obige Befragung von Krause nahe legt, gleichzeitig beobachten und bewerten zu können. Studien von Maher (1990) und Gaugler und Thornton (1989) zeigen eindrucksvoll, dass Beobachter überfordert sind, wenn die Anzahl gleichzeitig zu beobachtender Dimensionen größer als vier bis fünf Dimensionen ist. Ist sie größer, können die Beobachter lediglich ein undifferenziertes Bild über das Abschneiden der einzelnen Teilnehmer abgeben, ohne dass das Abschneiden auf einzelnen Dimensionen trennscharf erfolgen kann.

Folgende Anforderungsdimensionen werden in deutschsprachigen Unternehmen bevorzugt beobachtet und bewertet (vgl. Tabelle 2).

Tabelle 2:
Anforderungsdimensionen in deutschsprachigen Assessment-Centern

Anforderungs-dimension	Assessment-Center-Studie 2001 des Arbeitskreis AC e.V. (in %)	Anforderungs-dimension	Höft & Obermann (2010) (in %)
Kommunikationsfähigkeit	88,6	Kommunikationsfähigkeit	90,5
Durchsetzungskraft	86,4	Durchsetzung	87,0
Kooperationsfähigkeit	85,0	Kooperationsfähigkeit	71,5
Führungskompetenz	76,4	Führungskompetenz	68,0
Konfliktfähigkeit	74,3	Konfliktfähigkeit	77,5
Problemlösefähigkeit	70,5	Problemlösefähigkeit	66,0
Zielorientierung	65,5	Zielorientierung	65,0
Systematisches Denken	65,0	Analysefähigkeit	80,5
Entscheidungsfreude	62,1	Entscheidungsfreude	56,0
Belastbarkeit	59,3	Engagement	56,5

Auffallend im Zeitverlauf ist, dass die Dimension „Systematisches Denken" der Studie aus dem Jahr 2001, die in der 2008 durchgeführten Studie unter einem etwas anderen Label („Analysefähigkeit") geführt wurde, offensichtlich an Bedeutung bei der Ausgestaltung von Assessment-Centern gewonnen hat.

In den folgenden Abschnitten werden Forschungsergebnisse zur Art der Dimensionen, der Breite der Dimensionen und zu Dimensionsunterschieden je nach Einsatzzweck vorgestellt.

Art der Dimensionen

Howard (1997) beschreibt das „Kuddelmuddel", welches auf konzeptioneller Ebene bei der Art der Dimensionen vorherrscht. So sind Dimensionen teils als Persönlichkeitseigenschaften (z. B. Energie), teils als gelernte Fertigkeiten (Planen), beobachtbares Verhalten (sprachliche Ausdrucksweise), Basisfähigkeiten (Denkfähigkeit), Einstellungen (Freundlichkeit), Motive (Leistungsmotivation) oder als Wissen (Sachwissen) formuliert. Meist ist das Vorgehen bei der Auswahl der Dimensionen eher situativ, ohne dass theoretische Überlegungen oder fundierte empirische Untersuchungen über die Art der Dimensionen und die Implikationen für den diagnostischen Prozess und die anschließende Personalentwicklung erfolgen.

Bei der Konstruktion der Anforderungsdimensionen gibt es, wie bereits ausgeführt, eine begriffliche Vielfalt. Guldin und Schuler (1997) wie auch Tett (1998, 1999) prüften, ob Anforderungsdimensionen, die in direkter Anlehnung an Persönlichkeitseigenschaften konstruiert werden, besser erfasst werden können, als wenn dies nicht der Fall ist. Ergebnis ist, dass die Dimensionsausprägungen bei einer sorgfältigen Konstruktion der Anforderungsdimensionen in Anlehnung an Persönlichkeitseigenschaften besser erfasst werden können (vgl. zu einem ähnlichen Ansatz Lievens, Chasteen, Day & Christiansen, 2006).

<small>Konstruktion der Anforderungsdimensionen in Anlehnung an Persönlichkeitseigenschaften</small>

In einer Studie von Kleinmann, Exler, Kuptsch und Köller (1995) wurde die Unabhängigkeit der Dimensionen untersucht. Werden Dimensionen wie „Argumentationsvermögen" und „Durchsetzungsvermögen" in einer Gruppendiskussion gleichzeitig beobachtet, werden Personen, die besser argumentieren können, höchstwahrscheinlich auch durchsetzungsfähiger sein. Eher unabhängig voneinander sollten Dimensionen wie „Kreativität" und „Entscheidungsfähigkeit" zu beobachten sein. Empirisch ließ sich dies auch bestätigen. Dimensionen, die unabhängig voneinander gemessen werden können, führten zu klareren Dimensionseinschätzungen.

Eine andere Gruppe von Untersuchungen befasst sich mit der Beobachtbarkeit der Anforderungsdimensionen. Ist relevantes Verhalten auf einer Dimension nur selten zu beobachten, sollte die Ausprägung auf dieser Dimension weniger genau zu erfassen sein, als wenn eine große Zahl an Beobachtungsmöglichkeiten gegeben wäre. Die Ergebnisse einzelner Studien wie die von Reilly, Henry und Smither (1990) wie auch die von Shore, Shore und Thornton (1992) und Haaland und Christiansen (2002) stützen diese These, während die Arbeiten von Kleinmann et al. (1995) und Campbell (1991) keine derartigen Effekte aufweisen. Lievens et al. (2006) untersuchten diese Frage genauer, indem sie die verwendeten Dimensionen daraufhin einschätzen ließen, inwiefern sie in einzelnen Übungen besser oder weniger gut zu beobachten sind. Zusätzlich wurde die Ähnlichkeit zu etablierten Persönlichkeitsdimensionen eingeschätzt. Ergebnis dieser aufwendigen Reanalyse einer großer Anzahl publizierter Studien war, dass Dimensionen besser eingeschätzt werden konnten, wenn sie konzeptionell voneinander trennbar waren. Darüber hinaus konnten sie konsistenter erfasst werden, wenn sie in den einzelnen Übungen jeweils gut beobachtbar waren.

Breite der Dimensionen

Campbell (1991) wie auch Kolk, Born, Bleichrodt und van der Flier (1998) befassten sich mit den Auswirkungen des Abstraktionsgrades der einzelnen Dimensionen. Die Annahme von Campbell (1991) war, dass Beobachter eher Verhalten bei allgemeinen Dimensionen als bei spezifischen Dimensionen zuordnen können. Empirisch ließ sich dies für die allgemeinen Dimensionen (intellektuelle Fähigkeiten, zwischenmenschliche Fähigkeiten und planerische Fähigkeiten) aufzeigen. Sie konnten in verschiedener Hinsicht besser erfasst werden als 14 spezifischere Dimensionen. Das Ergebnis der Studie von Kolk et al. (1998) war ähnlich. Arthur et al. (2003) führten für ihre Metaanalyse zur Validität von Assessment-Center-Dimensionen eine Vorstudie zur Klassifikation von Anforderungsdimensionen durch. Zuerst ließen sie die 168 verschiedenen Dimensionen der Primärstudien durch sechs Masterstudierende in das 33 Dimensionen umfassende Kategoriensystem von Thornton und Byham (1982) einordnen. Anschließend ordneten drei weitere Kollegen die resultierenden Ergebnisse in sieben breite Dimensionen ein. Wie bereits in Kapitel 2.5 erwähnt, resultierten folgende sieben breite Dimensionen: Kommunikation, Aufmerksamkeit für andere (consideration and awareness of others), Organisieren und Planen, Probleme lösen, Andere beeinflussen, Antrieb und Toleranz für Stress/Unsicherheit. In der nachfolgenden Metaanalyse zeigte sich, dass die breiten Dimensionen prognostisch valide waren, wobei sehr deutlich die Dimension „Probleme lösen" allgemein am wichtigsten zur Vorhersage von Berufserfolg zu sein scheint. Da die Entwicklung des Kategoriensystems von Arthur et al. (2003) von sehr wenigen Personen vorgenommen wurde, haben Odermatt und Melchers (2009) in einer umfangreichen Studie die dem System von Arthur et al. (2003) zugrunde liegenden Dimensionen multidimensional skalieren lassen. Dabei betrachteten die Autoren die 168 Dimensionsbezeichnungen in einem ersten Schritt dahingehend, ob sie Redundanzen enthielten (z. B. die zwei verschieden geführten Dimensionen „Energie" und „Energie-Level"). Als Ergebnis resultierte ein Set von 94 Dimensionen, welches 30 Personalmanagern vorgegeben wurde. Dabei sollten diese individuell die Items nach Ähnlichkeit mithilfe eines Computerprogramms gruppieren und dann mit einem Label versehen. Diese individuellen Ergebnisse wurden dann mithilfe der Methode der multidimensionalen Skalierung statistisch nach Ähnlichkeit gruppiert und die Ergebnisse in Form einer Karte aufbereitet. Die nachfolgende Karte enthält die 94 Dimensionen, die abhängig von ihrer wahrgenommenen Ähnlichkeit örtlich aufgeführt wurden (vgl. Abbildung 2).

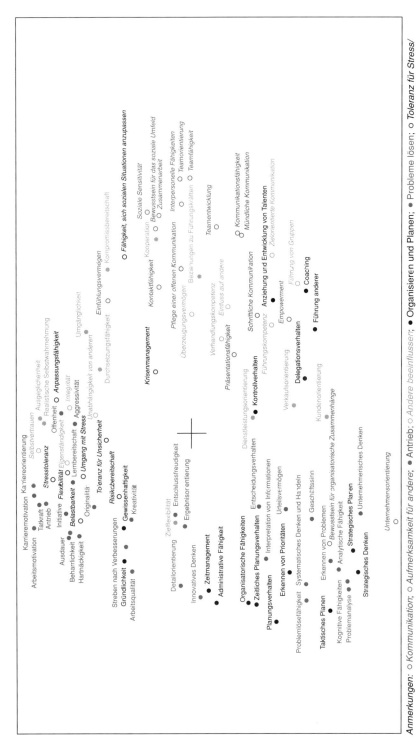

Abbildung 2:
Empirische Ähnlichkeit von Assessment-Center-Anforderungsdimensionen nach Odermatt und Melchers (2009)

Anmerkungen: ○ *Kommunikation;* ○ *Aufmerksamkeit für andere;* ● *Antrieb;* ○ *Andere beeinflussen;* ● *Organisieren und Planen;* ● *Probleme lösen;* ○ *Toleranz für Stress/Unsicherheit;* ● *Restkategorie oder nicht aus Arthur et al. (2003)*

Aus der Legende ist zudem die Einordnung der einzelnen Dimensionsbezeichnungen zu dem ursprünglichen Kategoriensystem von Arthur et al. (2003) ersichtlich. Wie zu sehen ist, kann das System von Arthur et al. (2003) teilweise repliziert werden. Allerdings scheinen die Dimensionen der Label „Organisieren und Planen" und „Probleme lösen" weniger voneinander trennbar zu sein, als Arthur et al. (2003) vermuteten. Daher schlagen Odermatt und Melchers (2009) etwas andere, übergeordnete Bezeichnungen sowie eine inhaltlich übergeordnete Interpretation einzelner Anforderungsdimensionen vor (vgl. Abbildung 3).

Die in Abbildung 3 vorliegenden Dimensionen und die dazugehörenden Kategorien können zur Entwicklung von Assessment-Centern genutzt werden. Beispielsweise kann die Anzahl an Dimensionen, die man nach einer Anforderungsanalyse erhalten hat, mithilfe dieser Karte ökonomisch in eine handhabbare Größe reduziert werden. Damit können auch Redundanzen bei der Verwendung von Anforderungsdimensionen vermieden werden. Auch kann vermieden werden, Dimensionen zu streichen, die auf dieser Karte weit entfernt sind von bereits ausgewählten Dimensionen.

Weiterhin haben Hoffman et al. (2011) zeigen können, dass breite Dimensionen (in Kombination mit einem allgemeinen Leistungsfaktor und spezifischen Übungsfaktoren) sehr gut geeignet sind, um Leistungen in einem Assessment-Center adäquat abzubilden. In der Praxis werden in diesem Zusammenhang häufig sogenannte unternehmensspezifische Kompetenzmodelle (vgl. Lievens & Thornton, 2005; siehe auch Krumm, Mertin & Dries, 2012), die meist ebenfalls breite Anforderungen beinhalten, zur Ableitung von Anforderungen herangezogen. Solche Kompetenzmodelle haben als Vorteil, dass sie beim Management leicht Akzeptanz finden. Ein Nachteil ist jedoch, dass diese Dimensionen meist weder theoretischen Überlegungen noch empirischen Untersuchungen entstammen und standhalten.

Neben solchen speziell entwickelten Kategoriensystemen kann bei der Gewinnung von Anforderungsdimensionen auch auf in anderen Bereichen der Eignungsdiagnostik etablierte und untersuchte Systeme zu Anforderungen zurückgegriffen werden (Bartram, 2005; Kleinmann, Manzey, Schumacher & Fleishman, 2010), bei denen geprüft wird, ob empirisch ermittelte Anforderungsdimensionen für den jeweiligen Tätigkeitsbereich relevant sind.

Dimensionsunterschiede je nach Einsatzzweck

Auswahl der Anforderungsdimensionen je nach Fragestellung

Einen interessanten Gedanken, welcher in der Praxis bisher eher wenig Beachtung gefunden hat, äußert Thornton (1992, S. 62–63). Je nach Einsatzzweck sollten die Dimensionen unterschiedlich gestaltet sein. Bei Fragestellungen der Personalauswahl sollten zeitlich stabile, relativ veränderungsresistente Dimensionen bevorzugt werden (z. B. kognitive Fähigkeiten),

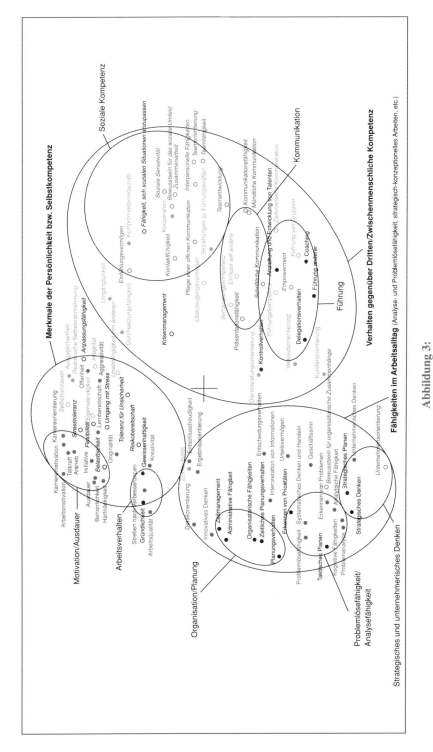

Abbildung 3:
Räumliche Lage und Interpretation von Assessment-Center-Anforderungsdimensionen nach Odermatt und Melchers (2009)

während bei Personalentwicklungs-Assessment-Centern Dimensionen ausgewählt werden sollten, die durch entsprechende Personalentwicklungsmaßnahmen tatsächlich auch modifizierbar sind (z. B. planerische Fertigkeiten).

Arthur und Day (2010) wie auch Lievens (1998) empfehlen je nach Einsatzzweck die Transparenz der Anforderungsdimensionen unterschiedlich zu gestalten. So sollten für Personalentwicklungszwecke die Dimensionen möglichst transparent dargeboten werden. Hintergrund dieser Empfehlung sind Überlegungen, dass für Personalentwicklungszwecke die maximale Leistungsfähigkeit von besonderem Interesse ist, die besonders gut eingeschätzt werden kann, wenn Teilnehmende wissen, was jeweils bewertet wird (vgl. Kleinmann et al., 2011; Kolk, Born & van der Flier, 2003). Da die Fähigkeit, Anforderungen zu erkennen (vgl. Kapitel 2) für das Zustandekommen der Kriteriumsvalidität jedoch bedeutsam zu sein scheint, sollten Personen in Assessment-Centern zur Personalauswahl nicht explizit in den einzelnen Übungen über die jeweils bewerteten Anforderungsdimensionen informiert werden.

> **Fazit**
>
> Anforderungsdimensionen können besser erfasst werden, wenn die Anzahl zu beobachtender Dimensionen gering ist, sie relativ globale Konstrukte erfassen, die konzeptionell abgeleitet sind oder empirisch geprüft sind, die Beobachtbarkeit und Unabhängigkeit der Dimensionen in den jeweiligen Übungen sichergestellt ist und sie aus etablierten Persönlichkeitseigenschaften abgeleitet sind. Je nach Einsatzzweck Personalauswahl vs. -entwicklung sollten unterschiedliche Dimensionen gewählt werden, die dann abhängig vom Einsatzzweck bekanntgegeben werden.

Anforderungssituationen dem Beobachtungsprozess zugrunde legen

Bisweilen wird auch diskutiert, anstelle von Beobachtungsdimensionen lediglich das Abschneiden in den Übungen zu bewerten (Lance, 2007; Sarges, 2009). Diese Empfehlung entstand aufgrund der Erkenntnis, dass die Erfassung der Dimensionen in vielen älteren Studien nur unzureichend gelang. Bei einer ausschließlich übungsweisen Bewertung würden Teilnehmer nicht auf Anforderungsdimensionen, sondern lediglich auf ihre Bewältigungskompetenzen in den einzelnen Übungen bewertet werden. Geprüft würde dann, ob eine Übung erfolgreich oder weniger erfolgreich absolviert wird. Ein solches Vorgehen hätte den Vorteil, dass die mangelnde Erfassung von Dimensionen vermieden würde. Es hätte jedoch auch eine Reihe von Nachteilen, wie bereits in Kapitel 2.4 erwähnt. Menschen denken in Eigenschaften und nicht in Aufgabenkategorien (Mischel, Jeffry & Patterson, 1974). Jemand ist durchsetzungsfähig, intelligent, einfühlsam etc. Personen werden selten ohne die Verwendung von Attributen beschrieben. Eine Personenbeschreibung, ausschließlich mit Charakteristika der Situation, ist unüblich, und eine Aussage wie „Person A hat die führerlose Gruppendiskussion mit einem Erfolgsanteil von 75 % bewältigt" ist schwierig zu verstehen. Weiterhin ist es nach wie vor schwer, alle möglichen Managementsituationen in Typologien einzuteilen. Auch das Feedback gestaltet sich schwierig. Wenn ein Feedbackempfänger die Rückmeldung bekommt, er habe eine Aufgabe zu 75 % erfolgreich bewältigt, muss spätestens zu diesem Zeitpunkt ein Rückgriff auf Persönlichkeitseigenschaften erfolgen. Anregungen in Form von Empfehlungen wie „mehr Durchsetzungsvermögen zeigen" sind verständlicher als nebulöse Anmerkungen, dass die restlichen 25 % (von was?) ebenfalls noch wünschenswert wären.

Bei Berücksichtigung obiger Empfehlungen zur Gestaltung der Anforderungsdimensionen können diese durchaus über verschiedene Situationen hinweg voneinander unterscheidbar erfasst werden. Insofern rate ich von einem übungsweisen Bewerten ohne Rekurs auf Anforderungsdimensionen ab.

3.3 Situative Übungen

Das wesentliche Element von Assessment-Center-Verfahren ist das Beobachten von Verhalten in situativen Übungen. Situative Übungen sind standardisierte Verfahren, in denen kritische Berufssituationen simuliert werden. Beobachtet wird die Bewältigung dieser Aufgaben durch die Teilnehmer. Festgehalten wird das Verhalten der Teilnehmer durch die Beobachter auf den zuvor definierten Anforderungsdimensionen. Prinzipiell kann zwischen Einzelübungen (Postkorb, Präsentation, Fallstudie), Zweierübungen (Zweiergespräch) und Gruppendiskussionen (führerlose Gruppendiskussion) unterschieden werden. Die Übungsleistungen können mündlich (Gruppendiskussionen, Zweiergespräch, Präsentation) oder schriftlich (Postkorb, Fallstudie) erfolgen. Auch eine Kombination ist möglich (Postkorb, Fallstudie). Über den Verbreitungsgrad verschiedener Übungstypen in deutschsprachigen Unternehmen (Höft & Obermann, 2010) gibt nachfolgende Abbildung 4 Auskunft.

Wesentliches Element von Assessment-Center-Verfahren

3.3.1 Gruppendiskussionen

Generell kann zwischen führerlosen Gruppendiskussionen und Gruppendiskussionen, bei denen ein Teilnehmer die Leitung innehat, unterschieden werden. Bei *führerlosen Gruppendiskussionen* bekommen vier bis acht Teilnehmer eine Aufgabe, die sie gemeinsam innerhalb eines vorgegebenen Zeitrahmens, meist ½ bis 1 Stunde, lösen sollen. Sie sollen die Probleme diskutieren und meist zu einvernehmlichen Ergebnissen kommen, die sie am Flipchart festhalten sollen. Die Aufgaben können kooperativ angelegt sein, sodass von der Gruppe gemeinsam ohne Interessengegensätze ein Gegenstand diskutiert werden soll. Sie können auch kompetitiv dargeboten werden, wenn die Teilnehmer durch unterschiedliche Rollenvorgaben oder

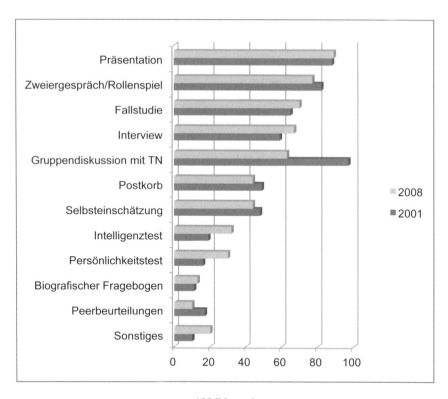

Abbildung 4:
Verbreitungsgrad verschiedener Übungstypen in deutschsprachigen Unternehmen
(Höft & Obermann, 2010)

Moderationsfähigkeiten, Problemlösekompetenz und sozial-interaktives Verhalten können beobachtet werden

Ressourcenknappheit Positionen konträr zu anderen vertreten müssen. Führerlose Gruppendiskussionen sind geeignet, um Moderationsfähigkeiten, Problemlösekompetenz und sozial-interaktives Verhalten beobachten zu können.

Ein Beispiel für Beurteilungsdimensionen aus dem Bereich des sozial-interaktiven Verhaltens ist Tabelle 3 zu entnehmen.

Eine der möglichen Alternativen zu den in Tabelle 3 skizzierten Beurteilungsdimensionen mit beispielhaften Verhaltensoperationalisierungen sind Checklisten (bei denen jede auftretende Verhaltensanforderung als erfüllt abgehakt wird) oder BARS (Behaviorally Anchored Rating Scales), wie sie in Kapitel 4.1 (siehe Abbildung 14) vorgestellt werden.

In der Konstruktion und Durchführung sind sie darüber hinaus ökonomisch und gestatten es, mehrere Teilnehmer mit vertretbarem zeitlichen Aufwand beobachten und bewerten zu können. Führerlose Gruppendiskussionen weisen allerdings auch eine Reihe von Problemen auf: So gibt es im betrieblichen Alltag so gut wie nie die Situation, dass eine Gruppendiskussion „füh-

Tabelle 3:
Beurteilungsdimensionen und Verhaltensbeispiele in der Gruppendiskussion
(Schuler, 1996, S. 124)

Kooperation
– ist freundlich und entgegenkommend
– hält Blickkontakt zu anderen Gruppenmitgliedern
– hört zu, lässt andere ausreden
– betont das gemeinsame Ziel
– geht Kompromisse ein
– argumentiert offen und fair
– nimmt Beiträge anderer auf
– unterstützt schwächere Gruppenmitglieder

Dominanz
– meldet sich häufig zu Wort
– macht Vorschläge zur Vorgehensweise
– bewertet die Äußerungen anderer
– argumentiert nachdrücklich und ausdauernd
– fällt auch bei Kritik nicht ab
– erzielt Aufmerksamkeit bei anderen
– spricht laut und deutlich
– wirkt sicher und selbstbewusst

rerlos" ist. Immer lädt jemand zu einem Gespräch oder einem Meeting ein. Die Situation ist folglich in einem gewissen Maß künstlich und nur begrenzt eine Simulation der betrieblichen Realität. Weiterhin ist sie nur in geringem Maße standardisiert. Dies birgt die Schwierigkeit in sich, dass das beobachtete Verhalten das Ergebnis der jeweiligen Gruppendynamik wie auch der Verhaltensweisen der einzelnen Gruppenmitglieder darstellt. Der Stimulus bei der Beobachtung einer Person ist demnach die Aufgabe (standardisiert) und das Verhalten der anderen Gruppenmitglieder (unstandardisiert). Die Effekte der Gruppendynamik von den individuellen Stärken und Schwächen bei der Beobachtung voneinander zu trennen, ist ausgesprochen schwierig und bedarf viel Erfahrung.

Um einen Teil dieser Probleme zu umgehen, werden häufig auch Gruppendiskussionen durchgeführt, bei denen ein Teilnehmer von vornherein die *Rolle des Leiters* bekommt. Dies hat den Vorteil, dass betriebliche Aufgaben weitaus angemessener simuliert werden können. Allerdings ist eine solche Vorgehensweise relativ unökonomisch. Unter Aspekten der Fairness sollte jeder Teilnehmer die Möglichkeit bekommen, die Gruppe zu leiten. Bei sechs Teilnehmern bedeutet dies einen immensen Zeitaufwand. Gelöst wird dieses Problem in der Praxis dadurch, dass die Teilnehmer innerhalb einer Gruppendiskussion nach festgesetzten Zeitintervallen (z. B. 20 Minuten) die Führung wechseln und so jeder die Gelegenheit bekommt, die Leitung zu übernehmen. Eine andere Alternative besteht darin, Rollenspieler an der Diskussion teilnehmen zu lassen. Diese Alternative ist zwar teuer, bietet aber den Vorteil einer Standardisierung und ist insbesondere bei Einzel-Assessments zu empfehlen. Wie Abbildung 4 zu entnehmen ist, finden Gruppendiskussionen in Assessment-Centern vergleichsweise häufig Einsatz, wenngleich die Einsatzhäufigkeit im Vergleich zu anderen Übungen etwas rückläufig ist.

Beispiele für Beobachter- und Teilnehmerunterlagen, die in einer Gruppendiskussion zum Einsatz kommen können, sind Kapitel 5.3 zu entnehmen.

3.3.2 Präsentationen

In Präsentationen haben die Teilnehmer einen Vortrag auszuarbeiten und zu halten. Dies kann ein ad hoc definiertes Thema sein oder auch die Präsentation einer aufwendigen Fallstudie, die zuvor von dem Teilnehmer analysiert wurde. Die Beobachter können entweder, abhängig von der Zielstelle, die Präsentation ausschließlich beobachten oder gezielter, dem Teilnehmer herausfordernde Fragen stellen. Präsentationsübungen sind relativ leicht zu konstruierende Aufgaben. Sie ermöglichen es, aussagekräftig rhetorische Fertigkeiten wie auch den Umgang mit Medien, Selbstkritikfähigkeit, Umgang mit Belastung und didaktisches Geschick zu erfassen. Sie sind ökonomisch in der Durchführung, da lediglich ca. 15 Minuten pro Teilnehmer benötigt werden. Auch bieten sie den Vorteil, dass durch die Vorbereitungsphase Wartezeiten zwischen einzelnen Aufgaben sinnvoll überbrückt werden können. Vorerfahrungen von Teilnehmern sind bei der Einschätzung angemessen zu berücksichtigen, da diese das Abschneiden beeinflussen können. Nach der Befragung aus Abbildung 4 ist das diejenige Übungsform, die am häufigsten in Assessment-Centern eingesetzt wird.

Erfasst Rhetorik, Umgang mit Medien und Belastungen sowie didaktisches Geschick

3.3.3 Zweiergespräch

Ein Zweiergespräch ist eine situative Übung, bei der der Teilnehmer die Rolle eines Vorgesetzten, eines Kollegen oder die eines Kundenberaters innehat. Gesprächspartner kann ein weiterer Teilnehmer oder ein Rollenspieler sein. In der vorgegebenen Zeit sollen die Probleme im Gespräch zielführend gelöst werden. Sozial-interaktive Fertigkeiten wie auch Empathie und Problemlösungsfertigkeiten können beobachtet werden (vgl. Thornton & Cleveland, 1990). Die Vorbereitungszeit ist ebenfalls kurz, wie auch die Durchführung, sodass diese Aufgabenform gleichermaßen eher ökonomisch ist. Insbesondere die Version, bei der zwei Teilnehmer miteinander sprechen, bietet jedoch auch Nachteile. So ist es ausgesprochen schwierig, Aufgaben so zu konstruieren, dass für beide Gesprächsteilnehmer die Chancengleichheit wirklich ebenbürtig ist. Auch sind Zweiergespräche mit zwei

Beobachtung von sozial-interaktiven Fähigkeiten, Empathie und Problemlösekompetenz

Teilnehmern nur unzureichend standardisiert. Abhängig vom Gesprächspartner ist die Situation eher leicht oder ausgesprochen schwierig zu bewältigen. Insofern ist meist die Variante mit trainierten Rollenspielern vorzuziehen, deren Aufgabe es ist, sich möglichst ähnlich bei verschiedenen Teilnehmern zu verhalten.

3.3.4 Fallstudien

In einer Fallstudie wird dem Teilnehmer schriftliches Material zu einem Organisationsproblem gegeben. Häufig ist die Problematik vielschichtig und komplex. Empfehlungen für das Management sollen nach Bearbeiten des Materials abgegeben werden. Die Aufgabe kann dabei allgemeiner Art sein oder auch spezifische Fragestellungen beinhalten. Die Problematik kann sich auf Finanzen, Aufbauorganisation, Ablauforganisation, Personal, Vertrieb etc. beziehen. In aller Regel erfolgt die Ausarbeitung schriftlich mit einer ein- bis mehrstündigen Vorbereitungszeit. Die Bewertung kann ergänzt werden durch ein Gespräch zur Bearbeitung, welches ebenfalls Bewertungsmöglichkeiten liefert oder durch eine Präsentation der Fallstudienergebnisse. Vorteile von Fallstudien bestehen darin, dass sie den Unternehmensrealitäten angepasst werden können und für die Beobachter und Teilnehmer ein hohes Maß an Augenscheinvalidität aufweisen. Auch ermöglichen sie, Analysefertigkeiten, wie das Erkennen relevanter Informationen, und die daraus getroffenen Entscheidungen zu beobachten und zu bewerten. Für die Beobachter ist es von Vorteil, wenn sie zur Auswertung ein Schema zur Verfügung haben. Konstruktionsvorschläge hierfür bieten Paschen, Beenen, Turck und Stöwe (2013) sowie Jacobsen und Sinclair (1990). Wird eine Fallstudie zusätzlich mithilfe eines Gesprächs oder einer Präsentation ausgewertet, hat dies den Vorteil, dass zusätzliche, erläuternde Informationen erfragt werden können. Zu beachten ist allerdings, dass bei der Darbietung zweier Aufgaben (Fallstudie und Präsentation bzw. Zweiergespräch) die Ergebnisse der Fallstudie mit dem Abschneiden in der zweiten Übung konfundiert sein können. Jemand, der ausgesprochen schlecht präsentieren kann, kann gute Ergebnisse einer bearbeiteten Fallstudie nicht darstellen und wird dadurch in dieser möglicherweise schlechter bewertet, als wenn lediglich seine schriftliche Expertise vorgelegen hätte. Alternativ gibt es auch Fallstudien, die standardisiert durchgeführt und ausgewertet werden, sei es als Papier- oder computergestützte Form (Fennekels & D'Souza, 1999).

Erkennen relevanter Informationen und Analysefertigkeiten

3.3.5 Postkorb

Die Postkorbübung ist eine klassische Assessment-Center-Übung (Frederiksen, Saunders & Wand, 1957). Sie simuliert die schriftlichen Posteingänge eines Managers, der neu in seinem Job ist oder einige Tage verreist war. Ein

Klassische Assessment-Center-Übung

Postkorb enthält ca. 15 bis 20 Schriftstücke, Memos, Briefe, Berichte, Anfragen und irrelevante Informationen. Enthaltene Probleme können personalpolitischer, allgemein betriebswirtschaftlicher oder prozessrelevanter Art sein. Der Teilnehmer bekommt Hintergrundinformationen zu seiner Situation, einen Kalender und die Schriftstücke. Üblich ist, dass während der Bearbeitung nicht telefoniert werden kann und auch keine Sekretariatsunterstützung zur Verfügung steht. Die Bearbeitung erfolgt schriftlich, meist unter hohem Zeitdruck. Es müssen Prioritäten gesetzt und Entscheidungen getroffen werden.

Ausgewertet wird der Postkorb, indem die Bearbeitung der einzelnen Schriftstücke Dimensionen und Ausprägungen auf diesen zugeordnet wird. Diese Zuordnung erfolgt anhand eines Schemas, welches zuvor von Experten entwickelt wird (vgl. Abbildung 5).

Da manche der schriftlichen Ausführungen der Teilnehmer unterschiedlich interpretiert werden können, wird häufig zusätzlich zu der schriftlichen Ergebnisausarbeitung ein vertiefendes Gespräch geführt. Bei diesem Gespräch erfragt ein Moderator Schriftstück für Schriftstück, was genau aus Sicht des Teilnehmers geschehen soll und erfragt zusätzlich die Handlungsabsichten des Teilnehmers. Die anderen Beobachter notieren sich die Antworten und bewerten dann aufgrund der schriftlichen Ausführungen und der anschließenden mündlichen Erläuterungen den Postkorb für die einzelnen Dimensionen.

Dimensionen des Postkorbverfahrens

Eine ganze Reihe von Dimensionen können in einem Postkorb beobachtet werden. Delegationsverhalten, Kontrolltechniken, Prioritäten setzen, Organisationsvermögen und Entscheidungsverhalten sind wesentliche Aspekte, die bewertet werden können.

Die Postkorbübung weist ein hohes Maß an Augenscheinvalidität auf. Darüber hinaus ist die prognostische Validität ebenfalls durch mehrere Studien erwiesen (vgl. Schippmann, Prien & Katz, 1990). Dementsprechend häufig wird sie in Assessment-Centern eingesetzt (vgl. Gaugler, Bentson & Pohley, 1990). Lediglich der relativ hohe Zeitaufwand für die Durchführung, Auswertung und das anschließende Einzelgespräch machen die Postkorbaufgabe etwas unökonomisch. Interessant und aktuell noch wenig untersucht ist die Frage, inwiefern die klassische Postkorbübung die Anforderungen des Managementalltags heute noch angemessen abbildet oder ob elektronisch dargebotene Postkörbe eine höhere Validität aufweisen (Oostrom, Bos-Broekema, Serlie, Born, & van der Molen, 2012). Schriftstücke werden heutzutage vorwiegend elektronisch versandt. Insofern gibt es den klassischen „Postkorb" im Managementalltag viel weniger. Heutzutage könnte man eher von einem „Mailkorb" sprechen. Elektronisch dargebotene Postkörbe setzen jedoch im Gegensatz zu Postkörben, die mit Schriftstücken in Papierform arbeiten, eine wesentlich höhere Merkfähigkeit voraus, da auf dem Bildschirm in der Regel simultan immer nur ein

Vorgang 11

Minos AG Chemieprodukte

Gertrud Hilf
Sekretariat Transport

4. Juli

Lieber Herr Meiner,

anbei habe ich die Urlaubsanträge bzw. die bisher verbrauchten Urlaubstage der Fahrer zusammengestellt.

Fahrer	verbrauchte Urlaubstage	Urlaubsantrag	Bemerkung
Menk	17	1.8.-5.8.	Bildungsurlaub
Doll	12	18.7.-28.7.	Urlaubsreise
Slopek	0	5.9.-9.9.	Resturlaub Vorjahr
Otto	0	8.8.-19.8.	Resturlaub Vorjahr
Breuer	13	1.8., 22.8.-25.8.	-
Zell	7	-	
Roßnagel	14		
Kahl	18	-	
Frisch	12	-	

Viele Grüße,

Hilf

Vorgang Nr.	Inhalt	hat Verbindung mit	Maßnahme/ Verhalten	Analyse	Organisation	Entscheidung
11	Urlaubsanträge	16: Rundschreiben der Geschäftsleitung	→ erkennt Problem der drohenden Terminüberschreitung durch Herrn Slopek im Zusammenhang mit der neuen Resturlaubsregelung	O		
			→ genehmigt beantragten Urlaub von Herrn Slopek nicht			O
			→ informiert Herrn Slopek über die Terminüberschreitung		O	

Abbildung 5:
Auszug aus einem Postkorb und dem zugehörigen Auswertungsschema
(Musch, Rahn & Lieberei, 2001)

Schriftstück „greifbar" ist. Eine Alternative zu den klassischen Postkorbaufgaben, wie sie beispielsweise noch bei Obermann (2009) ausführlich vorgestellt werden, stellen Postkorbaufgaben wie die *Managementarbeitsprobe (MAP)* von Etzel und Küppers (2000) oder *PC-Office* von Fennekels (1995) sowie *OfficeMail* von Lieberei (in Vorbereitung) dar, die interaktiv am Computer dargeboten werden (zu Weiterentwicklungen in diesem Feld siehe Musch & Lieberei, 2013, v. a. aber Lievens, van Keer & Volckaert, 2010).

Einen breiteren Überblick über die Vor- und Nachteile situativer Übungen im Assessment-Center bieten Lievens und Thornton (2005) sowie aus praktischer Sicht Thornton und Mueller-Hanson (2004).

3.3.6 Weitere Aufgaben: computersimulierte Szenarios, Business Games und gruppendynamische Aufgaben

Neben den „klassischen" Assessment-Center-Aufgaben finden computergestützte Aufgaben in letzter Zeit größere Beachtung. Etliche dieser Aufgaben nutzen Computer lediglich als Medium, um etablierte Verfahren wie Business Games, klassische Tests oder Postkorbaufgaben PC-gestützt anzubieten. Neben dieser reinen Adaption bestehender Testaufgaben gibt es jedoch auch Aufgaben, die speziell für den Computer entwickelt wurden (vgl. dazu Klinck, 2013).

Computersimulierte Szenarios sind Computerprogramme, in der eine oder mehrere Personen ein Szenario mit festgelegtem Ziel interaktiv bearbeiten sollen. Die Bearbeiter übernehmen dabei meist die Rolle eines Firmenleiters. Die Programme dienen dazu, den Umgang mit komplexen Problemen zu betrachten. Die Situationen sind vielschichtig, die Beziehung zwischen einzelnen Variablen ist häufig unbekannt, die Situation hat auch eine gewisse Eigendynamik, was bedeutet, dass sich auch ohne Eingriffe Situationsvariablen verändern. Einen Überblick über computersimulierte Szenarios, ihre Anwendung und erste empirische Ergebnisse bieten Kleinmann und Strauß (1998).

Im Folgenden wird zum besseren Verständnis ein klassisches Beispiel vorgestellt (eine aktuellere Version dieses Szenarios ist Gegenstand des Fallbeispiels in Kapitel 5.4): Bei dem computersimulierten Szenario „Textilfabrik" (Hasselmann & Strauß, 1995) hat der Bearbeiter die Aufgabe, als Geschäftsführer ein Unternehmen zu führen, das in einem Billiglohnland Hemden produziert und an Einzelhändler verkauft. Das Ziel der Bearbeitung ist es, das System so zu steuern, dass das Firmenkapital gesteigert wird. Während der Dauer der Simulation (meist 20 Simulationstakte, was 20 gedachten Monaten entspricht) sind hierzu Entscheidungen über den Einsatz verschiedener verfügbarer Maßnahmen zu treffen, die wiederum durch entsprechende, dem Bearbeiter nicht bekannte Variablenverknüpfungen den Zustand des Unternehmens im jeweiligen Zeittakt beeinflussen. Beispielsweise können die Bearbeiter Maßnahmen wie Mitarbeiter einstellen, Rohstoffe kaufen, Festlegung der Verkaufspreise und Werbungskosten vornehmen. Damit werden dann die Zustandsparameter des Szenarios wie Arbeitszufriedenheit, der Kontostand etc. beeinflusst. Die Bearbeitung erfolgt direkt am Computerbildschirm (vgl. Abbildung 6).

Zustand der Firma			Ihre Entscheidungen	
Arbeitszufriedenheit	>	0.98	Werbeausgaben	2800.00
			Instandhalt.-Ausgab.	1200.00
Maschinenzustand	>	47.04	Sozialausgaben/Arb.	2800.00
			Lohn pro Arb.	1080.00
Produktion	>	403		
			Preis pro Hemd	52.00
Rohstoffe im Lager	>	16	Rohstoffe kaufen	0
Verkaufte Hemden	>	407		
Hemden im Lager	>	80	neue Arb. an XR-3	
			neue Arb. an XR-6	
Anzahl Arbeiter an XR-3	>	8	Arb. entlassen (XR-3)	
Anzahl Arbeiter an XR-6	>	0	Arb. entlassen (XR-6)	
Anzahl Maschinen XR-3	>	10		
Anzahl Maschinen XR-6	>	0	XR-3 kaufen	
			XR-6 kaufen	
Anzahl Lieferwagen	>	1	XR-3 verkaufen	
			XR-6 verkaufen	
Kassenstand	>	15774.66		
			Lieferwagen kaufen	
Kapitalwert	>	101120.64	Lieferwagen verkaufen	
Naechster Monat : F5	Dies ist der 1. Monat		Eingabe-Hinweis: Rohmaterial pro Einheit kostet: 2.96	

Abbildung 6:
Bearbeitungsbildschirm des Szenarios „Textilfabrik"
(nach Hasselmann und Strauß, 1995)

„Textilfabrik" von Hasselmann und Strauß (1995) gehört zur sogenannten „Tailorshop"-Familie (Funke, 1995). Das Programm „Tailorshop" stammt in einer Taschenrechner-Version ursprünglich von Dörner (1979). Heute gibt es zahlreiche teilweise sehr stark modifizierte Derivate wie „Textilfabrik" und „Schneiderwerkstatt" (siehe hierzu auch das Fallbeispiel in Kapitel 5.4).

Auf der rechten Bildschirmseite (vgl. Abbildung 6) hat der Bearbeiter die Möglichkeit, seine Maßnahmen in jedem simulierten Monat zu treffen. Hat der Bearbeiter seine Entscheidungen für einen Monat getroffen, wird dieser Zeittakt von ihm durch Betätigen der entsprechenden Funktionstaste abgeschlossen. Auf der linken Seite wird dann der Zustand der Firma mittels einiger Kenngrößen dargestellt. Der Zustand der Firma in einem Monat ist das Resultat seiner Maßnahmen und wegen des dynamischen Charakters des Szenarios auch das Resultat früherer Systemzustände. Bei der Bearbeitung kann sich der Problemlöser Informationen über eine Datenbank einholen und die Entwicklung einiger Systemvariablen anhand grafischer Verläufe verfolgen. Es sind zahlreiche nicht lineare Verknüpfungen zwischen den Variablen implementiert. Außerdem wurden eigendynamische Entwicklungsverläufe in das Programm aufgenommen. Die Verknüpfungen sind dem Bearbeiter nicht bekannt, wie es auch verdeckte Variablen in dem Szenario gibt.

Als Leistungsmaße werden vom Programm der Endwert des Firmenkapitals und die relative Häufigkeit des Anstiegs des Firmenkapitals automatisch berechnet. Für die Maße liegen zahlreiche Reliabilitäts- und Validitätshinweise vor. Außerdem gibt es die Möglichkeit, Verhaltensdaten wie die Nachfrage in der Datenbank und den Zeitverbrauch auszuwerten.

Bewältigung komplexer, realitätsnaher Aufgaben

Die Durchführung im Rahmen eines Assessment-Centers kann in Form einer Einzel- oder Gruppenaufgabe erfolgen. In Einzelaufgaben wird geprüft, inwieweit es den Probanden gelingt, solch komplexe, realitätsnahe Aufgaben zu bewältigen. Meist benötigen sie für die Aufgabe eine Stunde Zeit. In dieser Zeit sollen sie eine Aufgabe (Leitung einer Firma) mit festgelegtem Ziel (Maximierung des Kapitalwerts) über eine Sequenz von z. B. 20 Durchgängen (entspricht 20 Monaten in der Realität) leiten. Bei Vorgaben in Gruppen sind die Vorgaben identisch, allerdings sollen die jeweiligen Entscheidungen in der Gruppe vordiskutiert und dann von einer Hilfsperson in den Rechner eingegeben werden. Die jeweiligen Veränderungen können dann via Beamer an eine Projektionswand geworfen werden. Bei Einzelaufgaben kann das Ergebnis der Bearbeitung unmittelbar als Leistungsindikator herangezogen werden. Nachteil ist, dass die internen Entscheidungsüberlegungen nicht zur Bearbeitung herangezogen werden, da sie nonverbal sind. In Gruppen können die individuellen Entscheidungsüberlegungen, das Risikoverhalten, der Umgang mit Misserfolgserlebnissen und die Mehrschichtigkeit bei der Analyse bewertet werden. Das Gesamtergebnis als Leistungsindikator heranzuziehen, ist jedoch nicht möglich, da dieses Ergebnis ein Gruppenergebnis ist und nicht unmittelbar der Leistungsfähigkeit einzelner Teilnehmer zugeordnet werden kann. Insbesondere in der Darbietung als Gruppenaufgabe bieten computersimulierte Szenarios eine Vielzahl an Beobachtungsmöglichkeiten.

Business Games sind ebenfalls komplexe Aufgaben, die meist vom Ablauf her relativ unstrukturiert sind. Oft stellen sie eine Kombination aus Gruppendiskussionen, Zweiergesprächen und Präsentationen über einen längeren Zeitraum dar. Strategische Planung, Führungseigenschaften und Teamfähigkeiten können gut beobachtet werden. Allerdings ist ein erheblicher Nachteil, dass sie in hohem Maß unstrukturiert ablaufen. Dies bedeutet, dass je nach Assessment-Center-Zusammensetzung die Schwierigkeit der Aufgabe, abhängig von den Interaktionen der Teilnehmer, unterschiedlich und damit die Bewertung der einzelnen Leistungen vergleichsweise schwierig ist.

Gruppendynamische Übungen, wie der Turmbau (vgl. Jeserich, 1981), werden selten eingesetzt. Aufgabe bei diesem Beispiel ist es, mit vorgegebenen Materialien teils in Konkurrenz zu einer anderen Teilgruppe einen Turm nach vorgegebenen Zielkriterien zu errichten. Unter anderem sollen Kreativität und Teamverhalten mit derartigen Übungen beobachtet werden. Nachteil ist wiederum die mangelnde Standardisierung und die große Realitätsferne.

Business Games und gruppendynamische Übungen werden selten eingesetzt

> **Fazit**
>
> Die verschiedenen situativen Übungen ermöglichen die Erfassung spezifischer Anforderungsdimensionen. In den einzelnen Aufgaben können jedoch jeweils nur bestimmte Anforderungsdimensionen beobachtet werden, was bei der Konstruktion beachtet werden muss. Um Interpretationsschwierigkeiten zu reduzieren, sollten Vorerfahrungen der Teilnehmer berücksichtigt werden. Zumindest ein gewisses Maß an Standardisierung empfiehlt sich bei Gruppendiskussionen und Zweiergesprächen, um Fehlinterpretationen bei der Beobachtung zu vermeiden. Fallstudien und Postkorbaufgaben sollten schriftlich und mündlich ausgewertet werden.

3.3.7 Anzahl und Art der Übungen

Welche und wie viele Aufgaben sollen in einem Assessment-Center dargeboten werden? Dies sind Fragen, die sich bei der Konstruktion eines Assessment-Centers jedem Entwickler stellen und die nicht einfach zu beantworten sind.

Übersichtsartikel (Lance, 2007) zeigen, dass jede der aufgeführten Übungsarten einen substanziellen Beitrag zur Validität von Assessment-Center-Verfahren leistet. Für die Auswahl der Übungen gibt eine exakte Anforderungsanalyse der Zielposition geeignete Hinweise. Mitarbeiter für den Außendienst werden beispielsweise häufig Zweiergespräche in ihrer Tätigkeit führen

Anforderungsanalyse der Zielposition gibt Hinweise für die Auswahl der Übungen

müssen und selten in die Situation kommen, führerlose Gruppendiskussionen zu leiten. Projektleiter finden sich demgegenüber häufig in vergleichbaren Gruppendiskussionen wieder.

Schneider und Schmitt (1992) führten in ähnlichem Kontext eine interessante Studie durch. Sie variierten experimentell die Struktur und den Inhalt von Aufgaben. Unterschiedliche Aufgabenformen waren z. B. Zweiergespräch und Gruppendiskussion. Unterschiedliche Inhalte für eine Gruppendiskussion konnten kompetitiver versus kooperativer Art sein. Ergebnis dieser Studie war, dass ein Zusatznutzen für das diagnostische Bild bei der Verwendung von unterschiedlichen Übungsarten entsteht im Gegensatz dazu, wenn mehrere identische Übungsarten mit unterschiedlichen Inhalten dargeboten wurden. Dies heißt, dass es sinnvoller sein kann, bei beispielsweise fünf Übungen unterschiedliche Übungstypen zu verwenden, als eine Gruppendiskussion in fünf verschiedenen Settings darzubieten. Forschung hat dementsprechend auch zeigen können (Gaugler & Thornton, 1989), dass Assessment-Center, die eine größere Anzahl unterschiedlicher Übungsarten aufwiesen, kriteriumsvalider sind, die Anzahl an Übungen allein aber nicht maßgebend ist. Die Implikationen hiervon sind, eher mehrere, kurze und unterschiedliche Übungen zu wählen als wenige, ähnliche und länger andauernde Übungen. Für eine differenzierte Diskussion sei auf die Arbeit von Wirz, Melchers, Schultheiss und Kleinmann (2012) verwiesen, in der empirisch untersucht wird, welche Konsequenzen Übungsähnlichkeit auf die Konstruktvalidität hat. Nach dieser Untersuchung führen ähnliche Übungen zu besseren Ergebnissen bei der Messung der intendierten Konstrukte, ohne dass sich in dieser Studie ein negativer Effekt für die Kriteriumsvalidität zeigte.

Kombination unterschiedlicher Aufgabentypen

Ein weiterer Punkt, der häufig diskutiert wird, ist wie hoch das *Maß an Realitätsnähe* sein sollte für eine optimale Übungsdarbietung. Ein Extrem könnte sein, dass die Aufgabe möglichst ähnlich zum zukünftigen Job ist. Nur so kann ein Maximum an Realitätsnähe erreicht werden. Auf der anderen Seite sind bei so gestalteten Übungen diejenigen Teilnehmer im Vorteil, die bereits Berufserfahrung und Fachwissen für die Aufgabenstellung mitbringen. Nicht Schlüsselqualifikationen würden dann geprüft, sondern Fachwissen. Der Gegenpol sind Übungen, bei denen jeglicher Berufsbezug fehlt: „Stellen Sie sich vor, Sie sitzen in einem Fesselluftballon über dem Meer, der stetig an Höhe verliert. Entscheiden Sie, in welcher Reihenfolge die einzelnen Teilnehmer den Korb verlassen müssen". Realitätsbezug fehlt bei solch einer Aufgabe, Akzeptanz ebenfalls und höchstwahrscheinlich auch die Validität. Meist sind Übungen am geeignetsten, die Situationen aus Firmen beschreiben, die so vorkommen könnten, aber für deren Lösung kein spezielles Fachwissen vonnöten ist.

Thornton (1992) differenziert den Gebrauch der Übungen nach dem Einsatzzweck. Als *Einsatzzwecke* nennt er unter anderem die allgemeine Potenzialdiagnose sowie Personalauswahl für eine bestimmte Stelle und Personalentwicklungsberatung. Je nach Einsatzzweck variiert hierbei die Anzahl an Übungen, deren Realitätsnähe und Komplexität (vgl. Tabelle 4). Auch wenn die Inhalte dieser Tabelle nur teilweise empirisch begründet sind, sind die zugrunde liegenden Gedanken und die Zusammenhänge zwischen den Variablen durchaus nachvollziehbar.

Variation der Firmenspezifität der Aufgaben je nach Einsatzzweck

Tabelle 4:
Vergleich von Übungen mit verschiedenen Bewertungszielen
(modifiziert nach Thornton, 1992, S. 93)

Übungsmerkmal	Ziel des Assessment-Centers		
	Potenzial-identifikation	Selektion	Training
Anzahl der Dimensionen	3–6	3–6	7–10
Maß an Realitätsnähe zur Zielstelle	niedrig	moderat	hoch
Komplexität	einfach	moderat	abhängig von dem Können des Teilnehmers
Transparenz der Dimensionen	nein	nein	ja

Zusammenfassung ist festzuhalten, dass unterschiedliche Übungsarten innerhalb eines Assessment-Centers sinnvoller sind als mehrere Aufgaben der gleichen Gattung. Die Realitätsnähe der Aufgabeninhalte sollte sich am Einsatzzweck orientieren. Bei Personalentwicklungs-Assessment-Centern sollten die Teilnehmer über die bewerteten Anforderungsdimensionen auf jeden Fall informiert werden.

Bei der Gestaltung der situativen Übungen sollten die folgenden Punkte berücksichtigt werden:

Transparenz der Anforderungsdimensionen bei PE-Maßnahmen

Qualitätsanforderungen an Übungen

- Die Übung ist aus der Tätigkeitsanalyse hervorgegangen und deckt wesentliche Elemente der zukünftigen Tätigkeit ab.
- Die Übung erfordert keine spezifischen Fachkenntnisse, aufgrund derer die Teilnehmer unterschiedlich abschneiden.
- Die Übung ist geeignet, relevantes Verhalten der Anforderungsdimensionen zu beobachten.
- Relevantes Verhalten der Anforderungsdimensionen ist mehrmals innerhalb einer Übung zu beobachten.
- Für die verschiedenen Ausprägungen auf einer Anforderungsdimension gibt es genügend Beobachtungsmöglichkeiten.

- Teilnehmer unterscheiden sich bei einer Übung hinreichend voneinander in ihrer Verhaltensleistung.
- Die Ausprägung des Verhaltens auf einer Verhaltensdimension führt nicht zwangsläufig zu ähnlichen Verhaltensausprägungen auf einer weiteren Anforderungsdimension.
- Es gibt mehr als eine Übung, in der die gleiche Anforderungsdimension beobachtet und bewertet wird.
- Die Übungen sind so weit standardisiert, dass Verhaltensausprägungen der Teilnehmer vergleichbar bewertet werden können.
- Die Übungen haben keinen Aufforderungscharakter für bestimmte Verhaltensweisen, sondern lassen unterschiedliche Bewältigungsstrategien zu.
- Die Übungen repräsentieren die Werte der Organisation für Zusammenarbeit im Unternehmensalltag.
- Mehrere (bis zu drei) Anforderungsdimensionen sind in jeder Übung gut beobachtbar.
- Die einzelnen Übungen müssen mehrmals vor dem Einsatz mit einer entsprechenden Zielgruppe vorgetestet werden.

3.3.8 Assessment-Center in Kombination mit anderen eignungsdiagnostischen Instrumenten

Assessment-Center versuchen den beruflichen Alltag abzubilden. Sie sind vom Ansatz her simulationsbasiert und damit verhaltensorientiert. Dieser Ansatz erleichtert es, den Beteiligten konkrete Empfehlungen über Stärken und Schwächen von Verhaltensweisen rückzumelden und als Ergebnis hiervon Personalentwicklungsmaßnahmen zu planen. Zusätzlich können neben klassischen Assessment-Center-Aufgaben aber auch andere eignungsdiagnostische Verfahren hinzugezogen werden, um die Validität zu erhöhen. Neben den simulationsorientierten Assessment-Center-Aufgaben bieten sich hier insbesondere konstruktorientierte und biografieorientierte Verfahren an. Die Verwendung konzeptionell unterschiedlicher Ansätze, so ist die Annahme, sollte zu einer Erhöhung der Validität führen.

Assessment-Center kombiniert mit anderen Verfahren

Zu den konstruktorientierten Verfahren gehören insbesondere Testverfahren. Die Validität von *Intelligenztests* ist aus wissenschaftlicher Sicht unbestritten. Dabei zeigte sich, dass der Vorhersagewert für akademische und Managementtätigkeiten besonders hoch ist mit .58, aber auch für ungelernte Arbeiten ist die Validität noch substanziell mit .23. Schmidt und Hunter (2000) geben als Schätzwert für die Validität von Intelligenztestwerten für Jobs mit mittleren Anforderungen .51 an. Insofern wäre es durchaus lohnend, Assessment-Center-Aufgaben mit Intelligenztests zu kombinieren. Dies wird in der Praxis auch häufig praktiziert, wie die Umfrage von Höft und Obermann (2010) belegt. Ausführliche Informationen, wie ein bereits bestehendes Auswahlverfahren sinnvoll durch Intelligenz- und andere Leistungstests ergänzt werden kann, sind bei Krumm und Schmidt-Atzert (2009) zu finden.

Für *Persönlichkeitstests* ist dies nicht uneingeschränkt zu empfehlen. Salgado (1997) untersuchte in einer Metaanalyse den Zusammenhang zwischen den Dimensionen des Fünf-Faktoren-Modells der Persönlichkeit und Maßen des Berufserfolgs. Hierbei bezog er ausschließlich Studien aus Staaten der Europäischen Gemeinschaft in seine Analysen mit ein. Die zentralen Ergebnisse dieser Analyse sind Tabelle 5 zu entnehmen.

Tabelle 5:
Korrigierte Validitäten der Big-Five-Persönlichkeitsdimensionen für die Vorhersage beruflichen Erfolgs (alle Kriterien) in der Gesamtstichprobe sowie in verschiedenen beruflichen Gruppen (nach Salgado, 1997).

Dimension	Berufsgruppe	P_{xy}
Emotionale Stabilität	*Alle Berufsgruppen zusammen*	.19
	Spezialisten	.43
	Polizisten	.22
	Manager	.12
	Verkäufer	−.07
	Facharbeiter	.25
Extraversion	*Alle Berufsgruppen zusammen*	.12
	Polizisten	.20
	Manager	.05
	Verkäufer	−.11
	Facharbeiter	.08
Offenheit für Erfahrung	*Alle Berufsgruppen zusammen*	.09
	Polizisten	.18
	Manager	.03
	Facharbeiter	.17
Verträglichkeit	*Alle Berufsgruppen zusammen*	.02
	Spezialisten	.14
	Polizisten	.14
	Manager	−.04
	Verkäufer	.02
	Facharbeiter	.05
Gewissenhaftigkeit	*Alle Berufsgruppen zusammen*	.25
	Polizisten	.39
	Manager	.16
	Verkäufer	.18
	Facharbeiter	.23

Anmerkung: P_{xy} korrigiert um Stichprobenfehler und Unreliabilitäten in beiden Maßen

Wie sich über verschiedene Berufsgruppen hinweg zeigt, weisen insbesondere Emotionale Stabilität, Extraversion und Gewissenhaftigkeit moderate Zusammenhänge zu Kriterien des Berufserfolgs auf. Interessant ist hierzu der Befund von Schmidt und Hunter (2000), dass Intelligenztests, kombiniert mit Gewissenhaftigkeitstests, die Validität zusätzlich deutlich erhöhen (.60). Da die Persönlichkeitsdimensionen des Fünf-Faktoren-Modells nicht im Zusammenhang mit eignungsdiagnostischen Fragestellungen entwickelt wurden, ist zu erwarten, dass Persönlichkeitskonstrukte, die einen höheren Anforderungsbezug aufweisen, zumindest ebenso valide sind, aber darüber hinaus mehr Akzeptanz erreichen. Hossiep und Paschen (2003) haben hierzu in der Literatur Persönlichkeitskonstrukte gesucht, die einen Zusammenhang zu Berufserfolg aufweisen. Ergebnis ihrer Bemühungen ist das *Bochumer Inventar zur berufsbezogenen Persönlichkeitsbeschreibung (BIP)*. Es besteht aus insgesamt 14 Skalen (vgl. Tabelle 6). Die Skalenbezeichnungen haben durchaus Ähnlichkeit zu Skalenbezeichnungen in Assessment-Centern und können als zusätzliches ökonomisches Maß der Selbsteinschätzung in ein Assessment-Center integriert werden (in besonderem Maße eignet sich hierfür auch die aus nur 48 Items bestehende 6-Faktoren-Version des BIP, das BIP-6F; Hossiep & Krüger, 2012). Es empfiehlt sich hierbei neben der Selbstbeschreibungsversion auch eine Fremdeinschätzungsversion durch Vorgesetzte zu wählen. Damit kann erreicht werden, dass unerwünschte Selbstdarstellungstendenzen zumindest teilweise kompensiert werden.

Tabelle 6:
Die Definitionen der mit dem BIP erfassten Konstrukte
(Hossiep & Paschen, 2003, S. 22).

Dimension	Konzeptualisierung (Bedeutung einer hohen Skalenausprägung)
Leistungsmotivation	Bereitschaft zur Auseinandersetzung mit einem hohen Gütemaßstab; Motiv, hohe Anforderungen an die eigene Leistung zu stellen; große Anstrengungsbereitschaft, Motiv zur fortwährenden Steigerung der eigenen Leistungen
Gestaltungsmotivation	Ausgeprägtes Motiv, subjektiv erlebte Missstände zu verändern sowie Prozesse und Strukturen nach eigenen Vorstellungen gestalten zu wollen; ausgeprägte Bereitschaft zur Einflussnahme und zur Verfolgung eigener Auffassungen
Führungsmotivation	Ausgeprägtes Motiv zur sozialen Einflussnahme; Präferierung von Führungs- und Steuerungsaufgaben; Selbsteinschätzung als Autorität und Orientierungsmaßstab für andere Personen
Gewissenhaftigkeit	Sorgfältiger Arbeitsstil; hohe Zuverlässigkeit; detailorientierte Arbeitsweise; hohe Wertschätzung konzeptionellen Arbeitens; Hang zum Perfektionismus

Tabelle 6 (Fortsetzung):
Die Definitionen der mit dem BIP erfassten Konstrukte
(Hossiep & Paschen, 2003, S. 22).

Dimension	Konzeptualisierung (Bedeutung einer hohen Skalenausprägung)
Flexibilität	Hohe Bereitschaft und Fähigkeit, sich auf neue oder unvorhergesehene Situationen einzustellen und Ungewissheit zu tolerieren; Offenheit für neue Perspektiven und Methoden; hohe Veränderungsbereitschaft
Handlungsorientierung	Fähigkeit und Wille zur raschen Umsetzung einer Entscheidung in zielgerichtete Aktivität sowie zur Abschirmung einer gewählten Handlungsalternative gegenüber weiteren Entwürfen
Sensitivität	Gutes Gespür auch für schwache Signale in sozialen Situationen; großes Einfühlungsvermögen; sichere Interpretation und Zuordnung der Verhaltensweisen anderer
Kontaktfähigkeit	Ausgeprägte Fähigkeit und Präferenz des Zugehens auf bekannte und unbekannte Menschen und des Aufbaus sowie der Pflege von Beziehungen; aktiver Aufbau und Pflege von beruflichen wie privaten Netzwerken
Soziabilität	Ausgeprägte Präferenz für Sozialverhalten, welches von Freundlichkeit und Rücksichtnahme geprägt ist; Großzügigkeit in Bezug auf Schwächen der Interaktionspartner; ausgeprägter Wunsch nach einem harmonischen Miteinander
Teamorientierung	Hohe Wertschätzung von Teamarbeit und Kooperation; Bereitschaft zur aktiven Unterstützung von Teamprozessen; bereitwillige Zurücknahme eigener Profilierungsmöglichkeiten zugunsten der Arbeitsgruppe
Durchsetzungsstärke	Tendenz zur Dominanz in sozialen Situationen; Bestreben, die eigenen Ziele auch gegen Widerstände nachhaltig zu verfolgen; hohe Konfliktbereitschaft
Emotionale Stabilität	Ausgeglichene und wenig sprunghafte emotionale Reaktionen; rasche Überwindung von Rückschlägen und Misserfolgen; ausgeprägte Fähigkeit zur Kontrolle eigener emotionaler Reaktionen
Belastbarkeit	Selbsteinschätzung als (psychophysisch) hoch widerstandsfähig und robust; starke Bereitschaft, sich auch außergewöhnlichen Belastungen auszusetzen und diesen nicht auszuweichen
Selbstbewusstsein	(Emotionale) Unabhängigkeit von den Urteilen anderer; hohe Selbstwirksamkeitsüberzeugung; großes Selbstvertrauen bezüglich der eigenen Fähigkeiten und Leistungsvoraussetzungen

Das Verfahren weist Validitäten auf, die einen moderaten Zusammenhang, allerdings keinen höheren als allgemeine, berufsunspezifische Persönlichkeitstests, zu Maßen des Berufserfolgs zeigen (vgl. Tabelle 7). Dies konnte auch in einer weiteren Studie bestätigt werden (Hülsheger, Specht & Spinath, 2006). Entscheidungshilfen zur Integration von Persönlichkeitstests in Personalauswahl- und Personalentwicklungsmaßnahmen (z. B. Assessment Center) geben Hossiep und Mühlhaus (2005).

Tabelle 7:
Kriteriumsvalidität des BIP im Hinblick auf Maße des Berufserfolgs und der Arbeitszufriedenheit (Hossiep & Paschen, 2003).

Kriterium	Adjustiertes R^2	N
Einschätzung der eigenen Arbeitszufriedenheit	.16	4.888
Berufliches Entgelt (um Alterseffekte bereinigt)	.15	5.674
Einschätzung des eigenen Berufserfolgs	.24	5.745

Bei den *biografieorientierten Verfahren* sind insbesondere biografische Fragebogen und das *Behavior Description Interview (BDI)* von Janz, Hellervik und Gilmore (1986) zu nennen. Biografische Fragebogen sind prognostisch valide (Hunter & Hunter, 1984) wie auch die biografieorientierte Interviewform von Janz et al. (1986). Schuler kombiniert in seinem Multimodalen Interview sowohl biografische als auch simulationsorientierte und konstruktorientierte Verfahrensteile (Schuler, 2002). Er geht dabei einen ähnlichen Weg wie Hossiep und Paschen (2003), indem er diejenigen Interviewteile zu dem Multimodalen Interview zusammenfasst, die sich jeweils für sich alleine bereits als valide erwiesen haben. Die prognostische Validität des Multimodalen Interviews ist gesichert (vgl. Schuler, 2002), sodass sich das Multimodale Interview ebenfalls sinnvoll in eine Assessment-Center-Durchführung integrieren lässt bzw. mir ihr kombinierbar ist.

Das Multimodale Interview lässt sich gut integrieren

Fazit
Bei der Konstruktion und Durchführung von Assessment-Centern bietet es sich immer an, neben den typischen situativen Aufgaben weitere diagnostische Verfahren zu ergänzen. Vorteile können in einer erhöhten Validität, Ökonomie und Differenziertheit des zu betrachtenden eignungsdiagnostischen Bildes erwartet werden.

3.4 Aufgaben der Beobachter

Beobachter im Assessment-Center sind meist Linienmanager, zwei Hierarchieebenen über der Zielposition. Darüber hinaus werden sie häufig von Psychologen unterstützt, die die Moderation des Assessment-Centers übernehmen. Meist ist das Verhältnis Beobachter zu Teilnehmer 1:2., d. h. ein Beobachter beobachtet und bewertet jeweils zwei Teilnehmer in den einzelnen Aufgaben. Es gibt jedoch auch Varianten, bei denen alle Beobachter alle Teilnehmer einschätzen.

Um der Beobachtungsaufgabe gewachsen zu sein, findet in der Regel im Vorfeld ein ein- bis mehrtägiges Beobachtertraining statt. Während der meist ein- bis dreitägigen Assessment-Center beobachten und bewerten die Beobachter dann individuell das Teilnehmerverhalten. Anschließend findet in einer Beobachterkonferenz die Datenintegration statt sowie darauf aufbauend Einstellungs- bzw. Beförderungsentscheidungen oder -empfehlungen sowie bei Personalentwicklungs-Assessment-Centern individuelle Stärken- und Schwächenanalysen mit gezielten Personalentwicklungsvorschlägen.

Somit lässt sich die Tätigkeit der Beobachter in drei grobe Schritte unterteilen. Zuerst findet die Teilnahme am Beobachtertraining statt, dann wird das individuelle Teilnehmerverhalten im Assessment-Center beobachtet und bewertet. Nach Durchführung des eigentlichen Assessment-Centers findet schließlich die Datenintegration im Rahmen einer Beobachterkonferenz statt. Die einzelnen Teilschritte bei den Aufgaben der Beobachter werden im Folgenden vorgestellt sowie Forschungsergebnisse und Gestaltungsvorschläge referiert.

Drei Aufgabenbereiche der Beobachter

3.4.1 Beobachtertraining

Beobachtertrainings erfüllen eine Reihe von Haupt- und Nebenfunktionen. Typische Ziele von ihnen sind (vgl. auch Höft & Melchers, 2010):
– Wahrnehmen von klassischen Beobachterfehlern wie Halofehler, Milde- bzw. Strengefehler etc. bei der Beobachtung und Bewertung
– Eindeutiges Zuordnen von einzelnen Verhaltensweisen der Teilnehmer zu den entsprechenden Dimensionen
– Vertrautmachen mit den einzelnen Aufgaben und den unterschiedlichen Verhaltensweisen zur Bewältigung derselben
– Trennung von beobachtetem Verhalten und anschließender Bewertung dieses Verhaltens auf den jeweiligen Dimensionen.

Sicherstellung der Qualität der Beobachterurteile

Neben diesen vier zentralen Zielen gibt es weitere Nebenziele, die ebenfalls mithilfe des Beobachtertrainings erreicht werden sollen, die aber nicht unmittelbar, sondern lediglich mittelbar auf eine Verbesserung der Datenqualität abzielen:
– Festlegen eines einheitlichen Rollenverständnisses der Beobachter
– Genaue Kenntnis des Ablaufs, der Räume und Unterlagen
– Identifikation der Beobachter mit dem Verfahren, den Anforderungsdimensionen und dem gesamten Prozedere.

Um die genannten Hauptziele zu erreichen, gibt es inzwischen mehrere Trainingsansätze, die sowohl im Assessment-Center als auch beispielsweise in der Leistungsbeurteilung Anwendung finden. Prototypisch können folgende vier Trainingsansätze genannt werden, die unterschiedliche Aspekte zu optimieren versuchen und im Rahmen eines Beobachtungstrainings isoliert oder kombiniert angeboten werden können.

Unterschiedliche Trainingsansätze

Trainingsansätze im Rahmen eines Beobachtungstrainings

Beobachterfehlertraining

In diesem Trainingstyp liegt der Schwerpunkt darauf, Beobachterfehler zu vermeiden. Typische Fehler bei der Beobachtung können anhand von Stimulusmaterial (Videoaufnahmen) aufgezeigt werden und anhand von weiterem Stimulusmaterial durch Einschätzungen der Teilnehmer zu dem gezeigten Verhalten reduziert werden. Die einzelnen Beobachterfehler sollen mit diesem Trainingstyp bewusst gemacht und so weit wie möglich reduziert werden.

Dimensionsverwendungstraining

Hier wird geübt, Verhalten anhand von Verhaltensbeschreibungen (schriftlich) oder anhand von Videoaufnahmen den Beobachtungsdimensionen zuzuordnen, sodass die Eindeutigkeit der Verhaltenszuordnung im Sinne einer Treffsicherheit von Verhaltensäußerung zu Verhaltensdimension zunimmt und die Geschwindigkeit wächst, mit der Beobachter in der Lage sind, dies zu tun. Sind Beobachter hierzu in der Lage, reduziert dies die Belastung während der Beobachtung im Assessment-Center selbst. Wenn sie Verhalten sehen, können sie dies sofort zuordnen.

Bezugsrahmentraining

Bei dieser Trainingsart wird das zu beobachtende Verhalten möglichst realistisch im realen Bezugsrahmen dargeboten und bewertet. Beobachter bekommen Teilnehmerverhalten zu sehen, welches optimal in einer Aufgabe A ist, welches durchschnittlich ausgeprägt ist und welches ungenügend ausgeprägt ist. Sie bekommen eine Vorstellung, welche Ausprägungsmöglichkeiten in einem definierten Rahmen (Aufgaben) existieren. Dies kann anhand von Videomaterial erfolgen, durch schriftliches Material oder dadurch, dass Teilnehmer versuchen, Aufgabenergebnisse in ihren verschiedenen Gütestufen selbst durchzuspielen.

Verhaltensbeobachtungstraining

Diese Form entspricht dem klassischen Assessment-Center-Gedanken am ehesten. Beobachtung soll von der anschließenden Bewertung getrennt werden. Unter Beobachtung wird die Erkennung der relevanten Informationen inklusive einer Zuordnung zu den relevanten Dimensionen verstanden. Die Bewertung erfolgt losgelöst hiervon in einem zweiten Schritt. Untrainierte Beobachter neigen häufig dazu, Verhalten, welches sie beschreiben sollen, unmittelbar zu bewerten. Ziel eines solchen Trainingstyps ist es, dies zu minimieren. Trainiert wird das Protokollieren von Wahrnehmung und die anschließende Bewertung auf den Anforderungsdimensionen.

Rechtfertigen die Beobachtertrainings den Aufwand und welches ist zu empfehlen? Die Antwort auf den ersten Teil der Frage ist mit einem eindeutigen „Ja" zu beantworten. Eine potenzielle Alternative zu einem Beobachtertraining wäre die Anzahl an Beobachtern möglichst hoch zu halten, damit sich individuelle Bewertungsfehler ausmitteln. Empirisch zeigt sich, dass Beobachtertrainings die sinnvollere und günstigere Maßnahme zur Qualitätssicherung sind (Wirz, Melchers, Lievens, De Corte & Kleinmann, 2012). Die Antwort auf den zweiten Teil ist schwieriger. Woehr und Huffcutt (1994) haben eine Metaanalyse veröffentlicht, bei der 28 Studien mit insgesamt 3.885 Versuchspersonen eingingen. Nach den Ergebnissen dieser Studie zeigt sich, dass alle vier Trainingsarten klare und positive Effekte auf verschiedene Maße der Beobachtungsgüte haben (vgl. Tabelle 8). Insofern ist ein Beobachtertraining auf jeden Fall zu empfehlen.

Tabelle 8:
Effekte unterschiedlicher Beobachtertrainingstechniken
(modifiziert nach Woehr & Huffcutt, 1994)

	Halofehler	Mildefehler	Beobachtungs-akkuratheit	Beurteilungs-akkuratheit
Beobachterfehler-training	.33	.21	–.17	.26
Dimensionsver-wendungstraining	.30	–.14		.13
Bezugsrahmen-training	.13	.15	.37	.83
Verhaltensbeob-achtungstraining			.49	.77

Anmerkung: Angegeben sind jeweils die gemittelten Effektstärken.

Abhängig vom Ziel des Beobachtertrainings empfiehlt sich demnach eine Kombination von Verhaltensbeobachtungstraining und Bezugsrahmentraining. Ein solches Training ist geeignet, sowohl spezifische Beobachterfehler zu reduzieren als auch die Genauigkeit bei der Beobachtung und Bewertung substanziell zu erhöhen. Ähnliche Ergebnisse fanden Melchers, Arnet Küchler, Rapisarda-Bellwald und Kleinmann (2011) in der bisher umfangreichsten Metaanalyse zu Beobachtungstrainings mit 98 Stichproben und 6.302 Teilnehmenden. Zusätzlich konnte in dieser Metaanalyse gezeigt werden, dass die Verbesserung der Beobachterleistung besonders groß war, wenn die Anzahl an zu beobachtenden Dimensionen weniger als fünf betrug und wenn die Beobachter noch wenig Erfahrung hatten.

Kombination von Verhaltensbeobachtungstraining und Bezugsrahmentraining

3.4.2 Individuelle Bewertung

Aus Teilnehmersicht sitzen mehrere unbekannte Beobachter in einem Raum, in dem sie verschiedene Aufgaben zu bewältigen haben; sie schreiben eifrig mit, sind ansonsten ruhig und verziehen keine Miene. Nach den einzelnen Aufgaben gibt es kurze Wartezeiten außerhalb des Raumes. Dieses Szenario gliedert sich aus der Perspektive der Beobachter in mehrere Teilschritte, die die Beobachter so gewissenhaft wie möglich auszuführen versuchen. Die folgende Darstellung der einzelnen Schritte ist etabliert. Alternativen werden jedoch häufig genutzt und sind bei Thornton (1992) oder Lievens und Klimoski (2001) nachzulesen.

Der Beobachtungs- und Bewertungsprozess ist in hohem Maße standardisiert

Teilschritte bei der Beobachtung
1. Schritt
Jeder Beobachter beobachtet einen oder mehrere Teilnehmer in Bezug auf die zuvor definierten Anforderungsmerkmale.
2. Schritt
Das beobachtete Verhalten wird protokolliert, ohne es zu bewerten.
3. Schritt
Das Verhalten wird den einzelnen Beobachtungsdimensionen zugeordnet.
4. Schritt
Die Beobachter bewerten unabhängig voneinander die Ausprägung des Teilnehmerverhaltens auf den einzelnen Dimensionen auf einer Skala.
5. Schritt
Die Beobachter einigen sich in der Beobachterkonferenz auf die Dimensionsausprägungen für jeden Teilnehmer.
6. Schritt
Die Beobachter machen einen Entscheidungsvorschlag über Einstellung und/oder Förderungsempfehlung.

Die ersten vier Schritte finden während des eigentlichen Assessment-Centers statt und stellen den zentralen Prozess der individuellen Datenerhebung und Bewertung dar. Die beiden letzten Schritte beinhalten die Datenintegration.

Bei der individuellen Bewertung (Schritt 4) werden in der Praxis zwei unterschiedliche Vorgehensweisen berichtet. Bei der einen Vorgehensweise findet eine individuelle Bewertung der Teilnehmer auf den Dimensionen jeweils nach den einzelnen Übungen statt *(übungsweise Bewertung)*. Bei der anderen Vorgehensweise werden die individuellen Bewertungen erst nach der letzten Übung vergeben, und zwar für eine Dimension nach der anderen *(dimensionsweise Bewertung)*. Nun zeigt sich in den Metaanalysen von Woehr und Arthur (2003) sowie in der erweiterten Form von Woehr, Arthur und Meriac (2007), dass die dimensionsweise Auswertungsmethode scheinbar zu besseren konvergenten Validitätskoeffizienten führt ($r=.43$ vs. $r=.28$; dimensionsweise vs. übungsweise). Möglicherweise handelt es sich bei diesen Unterschieden um Artefakte, wie eine weitere aktuelle Metaanalyse nahelegt (Melchers, Henggeler & Kleinmann, 2007). In den Primärstudien aller drei Metaanalysen war die Auswertungsmethode meist noch mit anderen Faktoren konfundiert, die mit hoher Wahrscheinlichkeit die konvergente Validität ebenfalls beeinflussten, ohne dass diese weiteren Faktoren aber von Woehr und Kollegen in deren Metaanalysen berücksichtigt wurden. Metaanalytische Moderatoranalysen zeigten nun in der Studie von Melchers et al. (2007), dass der Beurteilungszeitpunkt, der Austausch von Informationen zwischen den Beobachtern oder eine Rotation der Beobachter ebenso Moderatoren der Konstruktvalidität sind. Effekte der Beurteilungsmethode können sehr wahrscheinlich auf diese Faktoren zurückgeführt werden.

Um sich die Anforderungen an die Beobachterleistung zu verdeutlichen, ziehe ich folgendes Beispiel heran. Ein Assessment-Center besteht aus sieben Übungen, an denen sechs Teilnehmer beobachtet und bewertet werden. Jeder Beobachter bewertet alle Teilnehmer auf jeweils drei Dimensionen in den einzelnen Übungen. In solch einem zweitägigen Assessment-Center nimmt demnach jeder Beobachter 126 ($7 \times 6 \times 3$) Bewertungen vor. Alle Bewertungen werden unabhängig von den anderen Beobachtern getroffen und sollen das Teilnehmerverhalten bestmöglich repräsentieren. Dass dies gelingt, zeigt folgende Tabelle 9, bei der die Übereinstimmung der Beobachter zwischen den Urteilen für die jeweiligen Dimensionen aufgeführt ist.

Zu ähnlichen Ergebnissen kommen Arthur et al. (2003) und Meriac et al. (2008) in ihren Metaanalysen. So groß die Übereinstimmungen auch sind, sie besagen vordergründig lediglich, dass unterschiedliche Beobachter zu ähnlichen Ergebnissen kommen. Inwiefern diese angemessen sind und tatsächlich das Verhalten abbilden und nicht lediglich eine globale Einschätzung darstellen, die ähnlich ausfällt, bleibt offen. Da bekannt ist, dass die Beobachter zwar zu ähnlichen Urteilen kommen, diese auch prognostisch valide sind, jedoch die einzelnen Dimensionen nur unzureichend erfasst werden, haben sich Forscher Gedanken gemacht, wie die Urteile der Beobachter zustande kommen. Insbesondere drei Modelle werden diskutiert.

Drei Modelle der Urteilsbildung

Tabelle 9:
Studien über die Beobachterübereinstimmung bei Vorabratings aller Dimensionen
(modifiziert und erweitert nach Thornton, 1992, S. 114)

Autoren	Schätzungen der Beobachterübereinstimmung (mittlere Reliabilität)
Konz (1988)	.81
Tziner & Dolan (1982)	.50
Schmitt (1977)	.67
Borman (1982)	.76
Kehoe, Weinberg & Lawrence (1985)	.82
McConnel & Parker (1972)	.83
Neidig & Martin (1979)	.94
Sacket & Hakel (1979)	.69
Kudisch, Ladd & Dobbins (1997)	.86
Lance, Foster et al. (2004)	.95

Rationales Modell

Das rationale Modell bildet die Grundannahmen des Assessment-Centers ab. Annahme ist, dass die Beobachter das Verhalten objektiv beobachten können, es den Anforderungsdimensionen zuordnen können und dann eine Einschätzung vornehmen, die durch ein hohes Maß an Genauigkeit gekennzeichnet ist. Das Beobachtertraining zielt im Allgemeinen darauf ab, dass die Beobachter lernen, sich genau so zu verhalten und zu bewerten. Die Erhöhung der Übereinstimmung der Urteile durch das Beobachtertraining spricht dafür, dass dies auch gelingt.

Modell der eingeschränkten Verarbeitungskapazität

Dieses Modell nimmt an, dass Personen bestrebt sind, sich wie im rationalen Modell zu verhalten, dazu jedoch nicht in der Lage sind. Unsere kognitiven Möglichkeiten sind überfordert, sich eine halbstündige Gruppendiskussion in der Reihenfolge des Gesagten, der Wendungen im Gespräch, der einzelnen Äußerungen inklusive der verbalen und nonverbalen Reaktionen zu merken. Beobachter werden daher das Gehörte und Gesehene nach individuellen Gesichtspunkten „verdichten", vereinfachende Schlussfolgerungen ziehen, Verhaltensanteile unterschiedlich gewichten, um so mit der unbeschreiblichen Menge an Information umzugehen. Allein die „Aufspaltung" von beobachtbarem Verhalten einer Person auf verschiedene Dimensionen ist eine extrem schwierige Aufgabe. Dies parallel für mehrere Personen leisten zu können, überfordert häufig Menschen.

Dieses Modell hat empirische Unterstützung bekommen (Reilly et al., 1990). So ist es in der Lage, zu erklären, dass die Beobachter zu ähnlichen Einschätzungen kommen. Die Informationsverarbeitungsprozesse laufen parallel ab.

Ähnliches, beispielsweise dominantes, Verhalten wird von allen Beobachtern erinnert und ähnlich bewertet. Das Modell kann jedoch noch einen weiteren Befund gut erklären: In den einzelnen Übungen werden häufig alle Dimensionen für einzelne Teilnehmer sehr ähnlich bewertet. Dies bedeutet, dass die Beobachter einen Eindruck von einem Teilnehmer gewinnen, der in der jeweiligen Aufgabe auf die Bewertung der anderen Dimensionen in dieser Aufgabe ausstrahlt. Die Beobachter bekommen lediglich einen Globaleindruck über die einzelnen Aufgaben. Eine Differenzierung zwischen verschiedenen Dimensionen innerhalb einer Aufgabe ist kaum möglich. Dieser Befund wurde verschiedentlich repliziert (Kleinmann, 1997a; Kolk, 2001).

Expertenmodell

Bei dem Expertenmodell wird ebenfalls davon ausgegangen, dass Beobachter versuchen, sich „rational" zu verhalten. Darüber hinaus wird aber anerkannt, dass sie nur über eine eingeschränkte Verarbeitungskapazität verfügen. Allerdings wird in diesem Modell davon ausgegangen, dass sich Beobachter in ihrem Wissen über zielrelevantes Verhalten unterscheiden. So können beispielsweise Manager aus dem Umfeld der Zielstelle besonders gut beurteilen, welches Verhalten zu Erfolg führt und welches wahrscheinlich nicht. Psychologen sollten hingegen eher in der Lage sein, zwischen einzelnen Dimensionen zu differenzieren und sozial-kommunikative Fertigkeiten beurteilen zu können. Die empirische Forschung stützt diese Annahmen. So zeigte sich in der bereits zitierten Studie von Sagie und Magnezy (1997), dass Psychologen besser zwischen einzelnen Dimensionen differenzieren können und eher sozial-kommunikative Fähigkeiten beurteilen können (Damitz et al., 2003).

Entsprechend diesen Modellen und der Forschungslage gingen die Forschungsanstrengungen in den letzten Jahren vermehrt in die Richtung, den Beobachtungsprozess so zu gestalten, dass die Beobachter möglichst wenig überlastet sind. So zeigte sich – wie bereits ausgeführt –, dass eine geringere Anzahl gleichzeitig zu beobachtender Dimensionen zu empfehlen ist (Gaugler & Thornton, 1989). Auch zeigte sich in den Studien von Melchers, Kleinmann und Prinz (2010), dass die Qualität der Beurteilung besser ist, wenn weniger Personen pro Beobachter simultan einzuschätzen sind. Weiterhin sollten für die einzelnen Dimensionen Verhaltens-Checklisten vorliegen (Reilly et al., 1990). Die Beobachter bekommen darin konkrete mögliche Verhaltensbeschreibungen für die einzelnen Dimensionen und müssen lediglich prüfen, ob das Verhalten gezeigt wurde oder nicht. Um hierbei wiederum eine Überforderung der Beobachter zu vermeiden, sollte die Anzahl an Verhaltensindikatoren pro Dimension nicht zu groß sein. Lebreton, Gniatczyk und Migetz (1999) konnten die Vorteile kürzerer Verhaltens-Checklisten empirisch belegen.

Ein Beispiel für einen Beobachtungs- und Beurteilungsbogen ist den Abbildungen 7 und 8 zu entnehmen.

Beobachtungsbogen Übung X

Gruppendiskussion Datum: _____

Beobachter: _____

ERWÜNSCHTES VERHALTEN:

Teamverhalten
- erkennt die Beiträge anderer an
- macht Kompromissvorschläge
- faire Handhabung von Einwänden
- macht andere nicht zu Verlierern, sondern unterstützt sie im Rahmen ihrer Möglichkeiten
- mit anderen sachlich und wirksam zusammenarbeiten
- setzt seine Meinung nicht um jeden Preis durch
- hält sich an vereinbarte Spielregeln
- reagiert sachlich auf Kritik durch andere

Aktivität
- ergreift die Initiative
- hat Ausdauer in Diskussionsbeiträgen
- meldet sich überdurchschnittlich häufig zu Wort
- stukturiert oder beendet das Gespräch
- bringt kreative Ideen ins Spiel

UNERWÜNSCHTES VERHALTEN:

Teamverhalten
- erkennt die Beiträge anderer nicht an
- ist nicht kompromissbereit
- übergeht Einwände anderer
- stellt andere bloß
- kritisiert destruktiv und unsachlich
- will seine Meinung um jeden Preis durchsetzen
- hält sich nicht an vereinbarte Spielregeln
- reagiert unsachlich auf Kritik durch andere

Aktivität
- ist passiv
- hat keine Ausdauer in Diskussionsbeiträgen
- ist still

Teilnehmer: _____

Teilnehmer: _____

Teilnehmer: _____

Teilnehmer: _____

Teilnehmer: _____

Teilnehmer: _____

Abbildung 7:
Beobachtungsbogen: Übung X – Gruppendiskussion

Beobachtungsbogen: Übung X – Gruppendiskussion

Beobachter: _____

Dimension: **Teamverhalten**

Teilnehmer:

übertrifft die Anforderungen	erfüllt die Anforderungen	leichte Veränderungen wünschenswert	stärkere Veränderungen wünschenswert	nicht beobachtbar
4 3,5	3 2,5	2 1,5	1	☐

(Die obige Skala wiederholt sich für 6 Teilnehmer.)

Dimension: **Aktivität**

Teilnehmer:

(Die gleiche Skala wiederholt sich für 6 Teilnehmer.)

Abbildung 8:
Beurteilungsbogen: Übung X – Gruppendiskussion

Zur besseren Einschätzung von Zweifelsfällen Videoaufnahmen hinzuziehen

Die Möglichkeit, Videoaufzeichnungen nutzen zu können, entlastet ebenfalls die kognitiven Kapazitäten der Beobachter (Ryan, Daum, Bauman, Grisez, Mattimore, Nalodka & McCormick, 1995). Auch kann eine ausgewogene Zusammensetzung von Experten und Psychologen sowie ein optimiertes Beobachtungs-Rotationsverfahren (Andres & Kleinmann, 1993) das Beobachtungsverfahren optimieren.

Wie sich aus Sicht eines Beobachters bzw. eines Teilnehmers der Ablauf eines Assessment-Centers darstellt, ist den Tabellen 10 und 11 zu entnehmen.

Tabelle 10:
Beobachterplan Assessment-Center: Beobachterzeitplan aus Sicht eines Beobachters A

Zeit	Dauer	Übung	Teilnehmer	Raum
09:00–09:30	30'	Einführungsveranstaltung		I
09:30–09:45	15'	Vorbereitung für die Beobachter	Beobachter, Moderator	I
10:00–10:20	20'	Interview	TN 1	I
10:25–10:45	20'	Interview	TN 5	I
10:50–11:10	20'	Interview	TN 9	I
11:20–11:50	30'	Gruppendiskussion 1	TN 1, 3, 5	I
12:20–12:30	10'	Präsentation 1	TN 1	I
12:40–12:50	10'	Präsentation 1	TN 9	I
12:55–13:05	10'	Präsentation 1	TN 7	I
13:05–14:15		Mittagspause		
14:15–14:25	10'	Präsentation 2	TN 3	III
14:30–14:40	10'	Präsentation 2	TN 11	III
14:45–14:55	10'	Präsentation 2	TN 5	III
15:20–15:50	30'	Gruppendiskussion 2	TN 7, 9, 11	II
16:10–16:25	15'	Vorbereitung Beobachterkonferenz		I
16:30–17:45		Beobachterkonferenz		
17:50–18:05	15'	Feedback mit Beobachter E	TN 1	II
18:05–18:20	15'	Feedback mit Beobachter E	TN 3	II
18:20–18:35	15'	Feedback mit Beobachter E	TN 5	II

Tabelle 11:
Teilnehmerzeitplan aus Sicht eines Teilnehmers 1

Zeit	Dauer	Übung	Raum
09:00–09:30	30'	Einführungsveranstaltung	I
09:30–09:55	25'	Intelligenztest	V
10:00–10:20	20'	Interview	I
10:20–10:40	20'	Nachbefragung Interview	V
11:05–11:20	15'	Vorbereitung Gruppendiskussion 1	V
11:20–11:50	30'	Gruppendiskussion 1	I
11:50–11:55	5'	Nachbefragung Gruppendiskussion 1	V
12:05–12:20	15'	Vorbereitung Präsentation 1	V
12:20–12:30	10'	Präsentation 1	I
12:30–12:35	5'	Nachbefragung Präsentation 1	V
12:35–13:55		Mittagspause	
13:55–14:15	20'	Vorbereitung Präsentation 2	V
14:15–14:25	10'	Präsentation 2	I
14:25–14:30	5'	Nachbefragung Präsentation 2	V
14:40–14:50	10'	Persönlichkeitsfragebogen	V
15:05–15:20	15'	Vorbereitung Gruppendiskussion 2	V
15:20–15:50	30'	Gruppendiskussion 2	I
15:50–16:00	10'	Nachbefragung Gruppendiskussion 2	V
16:10–16:30	20'	Nachbefragung Assessment-Center-Übungen	V
16:35–17:30	55'	Situational Judgment Test	V
17:40–17:50	10'	Abschlussfragebogen	V
17:50–18:05	15'	Feedback	II

Neben den Beobachtern bewerten bisweilen auch die Teilnehmer ihre Kolleginnen und Kollegen im Assessment-Center. Diese Kollegenbeurteilungen haben den Vorteil, dass sie eine andere Perspektive der Beobachtung ermöglichen. So zeigt sich in Metaanalysen (vgl. Kapitel 4.2), dass Assessment-Center prognostisch valider sind, wenn Peer-Ratings verwendet werden. Bevor man sich jedoch für den Einsatz von Kollegenbeurteilungen entscheidet, sollte geprüft werden, ob die Kollegen sich häufig genug in den einzelnen Aufgaben begegnen. Beim Postkorb, Fallstudien, Präsentationen,

Peer-Ratings erhöhen die Qualität

Rollenspielen ist dies nicht der Fall. Auch sollten Auswirkungen auf die Akzeptanz der Maßnahme bedacht werden.

> **Fazit**
>
> Beobachter bewerten angemessener, wenn sie trainiert werden, die wenigen Anforderungsdimensionen in Verhaltens-Checklisten operationalisiert sind und Videoaufzeichnungen der Teilnehmerleistungen vorliegen. Eine Zusammenstellung der Beobachter aus Psychologen und Fachexperten optimiert ebenfalls die Ergebnisse. Der Einsatz von Kollegenbeurteilungen kann die Validität von Assessment-Centern erhöhen.

3.4.3 Datenintegration

Beobachterkonferenz

Am Ende des Assessment-Centers findet in aller Regel eine Beobachterkonferenz statt, in der die Beobachtungen und Einzelbewertungen diskutiert werden. Diese Beobachterkonferenz dient dazu, die einzelnen Einschätzungen, sofern sie widersprüchlich sind, zu besprechen und zu einem einheitlichen Bild zu gelangen. Alternativ zu diesem „klinischen" Vorgehen könnte auch ein Vorgehen gewählt werden, bei dem nach statistischen Regeln die einzelnen Bewertungen so aggregiert werden, dass eine optimale Vorhersage entsteht. Bei diesem „statistischen" Vorgehen sparen die Beobachter viel Zeit, welche für die oft mühsame Beobachterkonferenz ansonsten investiert werden muss. Andererseits sind unter qualitativen Gesichtspunkten Beobachterkonferenzen hilfreich, Einzelfacetten herauszuarbeiten, die bei einem rein statistischen Vorgehen übersehen werden würden. Zudem wird die Akzeptanz der Ergebnisse im Unternehmen auch durch Meinungsträger, d. h. die Beobachter des Assessment-Centers, eher gesichert, wenn sie die Ergebnisse selbst mitgestaltet haben.

Kombination von statistischer und klinischer Urteilsbildung

Pynes und Bernadin (1992) fanden keine Unterschiede bei der Vorhersagekraft von Assessment-Centern zwischen klinischer und statistischer Urteilsbildung. Allerdings zeigte sich in einer Studie von Anderson, Payne, Ferguson und Smith (1994), dass Beobachter bei der klinischen Urteilsbildung insbesondere diejenigen Informationen berücksichtigen, die sie selbst beobachten konnten. So fanden beispielsweise Gruppendiskussionen mehr Gewicht als Testverfahren, die aus der Sicht der Beobachter relativ abstrakt bleiben. Eine Lösung bei der Entscheidung zwischen klinischer oder statistischer Urteilsbildung könnte sein, dass beide Methoden kombiniert werden. Statistische Urteilsbildung spielt insofern eine Rolle, dass für jedes verwendete Verfahren Mindestleistungen definiert werden und alle Verfahren angemessen berücksichtigt werden. Klinische Urteilsbildung in der Beobachterkonferenz kann helfen, qualitative Aussagen herauszuarbeiten.

Wie solch eine statistische bzw. klinische Urteilsbildung konkret aussehen könnte, ist den Abbildungen 9 bzw. 10 zu entnehmen.

In 20 Assessment-Centern wurden Informationen über eine große Stichprobe gesammelt. Ziel war es, das Entwicklungspotenzial der Teilnehmer einzuschätzen.

Das *Entwicklungspotenzial* wurde auf einer vierstufigen Skala eingestuft:
- 1 = Nicht geeignet,
- 2 = Bedingt geeignet,
- 3 = Geeignet,
- 4 = Sehr gut geeignet.

Abgelesen wurde das Entwicklungspotenzial an *sechs Anforderungsdimensionen*:
- Soziale Kompetenz,
- Systematisches Denken und Handeln,
- Ausdruck und Argumentation,
- Auftreten, Selbständigkeit, Belastbarkeit,
- Zielstrebigkeit und Durchsetzung,
  Leistungs- und Führungsverhalten.

Die Leistungen in den Anforderungsdimensionen wurden auf einer fünfstufigen Notenskala eingestuft (1 = Unbefriedigend, 5 = Hervorragend).

Die sechs Anforderungsdimensionen dienen als Prädiktoren (X_1–X_6) dazu, das Kriterium „Entwicklungspotenzial" (Y') vorherzusagen.

Zwischen den sechs Prädiktoren und dem Kriterium ergab sich in einer multiplen Regression ein Zusammenhang, wie ihn Gleichung (I) ausdrückt:

(I) $\quad Y' = 0.21 + (0.12 \times X_1) + (0.19 \times X_2) + (0.10 \times X_3)$
$\quad\quad\quad + (0.12 \times X_4) + (0.19 \times X_5) + (0.10 \times X_6)$

In einem „neuen" Assessment-Center erreichte eine Teilnehmerin, Frau Nawa, folgende Noten in den sechs Prädiktoren (Mittelwerte):
- Soziale Kompetenz: 1.7
- Systematisches Denken und Handeln: 2.5
- Ausdruck und Argumentation: 3.4
- Auftreten, Selbständigkeit, Belastbarkeit: 3.5
- Zielstrebigkeit und Durchsetzung: 2.1
- Leistungs- und Führungsverhalten: 2.4

Welches Entwicklungspotenzial ist Frau Nawa zuzuerkennen nach Gleichung (I)?

Einsetzen der Werte in die Regressionsgleichung und Berechnen des Entwicklungspotenzials (Y'):

(I) $\quad Y' = 0.21 + (0.12 \times 1.7) + (0.19 \times 2.5) + (0.10 \times 3.4)$
$\quad\quad\quad + (0.12 \times 3.5) + (0.19 \times 2.1) + (0.10 \times 2.4)$
$\quad Y' = 2.288$

Die Teilnehmerin *Frau Nawa* müsste mit (Y' = 2.288 ≈ 2.0) als *bedingt geeignet* für die Zielposition eingestuft werden.

Abbildung 9:
Statistisches Urteil: Ein fiktives Beispiel (nach Fisseni & Fennekels, 1995, S. 108)

> **Übung:** Gruppendiskussion
> **Anforderungsdimension:** Leistungs- und Führungsverhalten
>
> Unser Anforderungsprofil schreibt über *Leistungs- und Führungsverhalten*:
> Der Betreffende
> – erledigt Arbeiten von sich aus möglichst schnell,
> – macht mehr als verlangt,
> – versucht, sich über Unbekanntes Klarheit zu verschaffen,
> – ergreift Initiative,
> – geht auf andere zu, hat Kontakte,
> – sucht und ergreift Führungsrollen.
>
> Frau Bunt (Beobachterin) schreibt über Frau Günter (Teilnehmerin):
>
> Frau Günter hat sich aktiv an den Diskussionen beteiligt. Zur Problemlösung trägt sie in ihrer jeweiligen Gruppe viel bei, ohne dabei eine Führungsrolle anzustreben. Eine Führungsrolle übernimmt sie, wenn sie ihr situationsbedingt zufällt. Wenn allerdings Gegenvorschläge mit Nachdruck vertreten werden, neigt sie dazu, sich zurückzuziehen.
>
> *Kommentar:* Die einzelnen Beobachtungen, die Frau Bunt zu einem Urteil zusammenführt, sind weder alle quantifiziert, noch liegt der Kombination ein expliziter Algorithmus zugrunde: Es handelt sich um eine *klinische Urteilsbildung*.

Abbildung 10:
Klinisches Urteil: Ein Beispiel (Fisseni & Fennekels, 1995, S. 109)

Tabelle 12 zeigt darüber hinaus auf, wie die individuellen Bewertungen zu einer zusammenfassenden Einschätzung integriert werden können.

Aus Forschungssicht noch relativ offen bei der Beobachterkonferenz sind gruppendynamische Elemente, sei es durch Minderheitenvota, große Hierarchiegefälle bei der Teilnehmerzusammensetzung in der Beobachterkonferenz oder durch Betriebsratsmitglieder im Beobachterstab. Dass solche gruppendynamischen Prozesse eine große Rolle bei der Urteilsfindung spielen können, ist aus der sozialpsychologischen Forschung seit langem bekannt. Solche Effekte können auftreten, müssen dies aber keinesfalls. So zeigte sich in einer Studie von Kleinmann, Andres, Fedtke, Godbersen und Köller (1994), dass der Mittelwert der Einschätzungen verschiedener Beobachter für die jeweiligen Dimensionen vor der Beobachterkonferenz größer als .9 mit dem Ergebnis nach der Beobachterkonferenz korrelierte.

> **Fazit**
>
> Bei der Beobachterkonferenz empfiehlt es sich, statistische Mindestkriterien vorab festzulegen und durch eine gut geführte Moderation die Einzeleindrücke der Beobachter zu integrieren. Dabei ist insbesondere darauf zu achten, dass Erkenntnisse (Tests etc.), welche nicht direkt beobachtet wurden, in ihrer Bedeutung nicht abgewertet werden.

Tabelle 12:
Integration von abweichenden Bewertungen

Bewertungsmatrix

Teilnehmer/in _____

Bevor Sie Ihre Bewertungen in der Tabelle eintragen, diskutieren Sie alle Beurteilungsunterschiede, die größer/gleich zwei Punkte sind und passen Sie Ihre Urteile gegebenenfalls aneinander an. Tragen Sie Ihre angepassten Bewertungen in der Tabelle ein.

Dimension	Übung 1		Übung 2		Übung 3		Übung 4		Interview	
	Beo1	Beo2	Beo1	Beo2	Beo1	Beo2	Beo1	Beo2	Beo1	Beo2
Analytische Fähigkeit										
Strukturierungsfähigkeit										
Argumentationsfähigkeit										
Leistungs- und Führungsverhalten										
Kooperationsfähigkeit										
Präsentationsfähigkeit										
Mittel										

3.5 Reaktionen und Akzeptanz von Feedback

Ausführliches Rückmeldegespräch mit jedem Teilnehmer

Es ist unumgänglich und ein Gebot der Fairness, dass Teilnehmer von Assessment-Centern eine ausführliche Rückmeldung erhalten. Meist erfolgt diese möglichst rasch im Anschluss an die Beobachterkonferenz im Rahmen eines ausführlichen Rückmeldegesprächs. Neben der mündlichen Rückmeldung durch einen oder mehrere Beobachter wird häufig auch ein schriftliches Gutachten erstellt, welches gezielt Fördermöglichkeiten anspricht. Dieses Rückmeldegespräch kann auch in Kombination mit anderen Verhaltensbeurteilungen erläutert werden (vgl. Scherm & Sarges, 2002). Das erste, unmittelbar auf das Assessment-Center folgende, Rückmeldegespräch wird dann häufig durch ein zweites Gespräch unter Einschluss des direkten Vorgesetzten ergänzt, um konkrete Entwicklungsmaßnahmen vereinbaren zu können.

Nach Lievens und Klimoski (2001) hängt die Akzeptanz der Rückmeldung insbesondere von folgenden Faktoren ab: Auch hier zeigt sich wieder die Bedeutung der Anforderungsdimensionen. Werden diese als relevant eingeschätzt und in ihrer Ausprägung veränderbar, ist die Akzeptanz höher. Auch die Augenscheinvalidität der Aufgaben ist für die Akzeptanz von zentraler Bedeutung. „Spielchen" ohne Jobbezug mögen interessant sein, deren Ergebnisse als relevante Größe bei einem Feedback zu akzeptieren, ist weniger wahrscheinlich. Die wahrgenommene Kompetenz des Feedbackgebers trägt ebenfalls zu einer Akzeptanzsteigerung bei, wie auch die Einbettung des Assessment-Centers in ein Personalentwicklungskonzept.

Birri und Naef (2006) untersuchten in einer interessanten Feldstudie, wie Personen das Feedback auf Assessment-Center-Ergebnisse verarbeiten. In ihrer Studie zeigte sich, dass rückblickend das Assessment-Center positiver betrachtet wird, wenn Personen gut in dem Assessment-Center abschneiden (vgl. auch Kersting, 2010). Unabhängig vom Abschneiden scheint jedoch das Assessment-Center für alle Personen ein Anstoß gewesen zu sein, sich mit der persönlichen Entwicklung intensiver zu beschäftigen. In einer Längsschnittstudie konnten Anderson und Goltsi (2006) das Ergebnis bestätigen, dass Personen, die schlecht im Assessment-Center abgeschnitten hatten, dieses weniger gut bewerteten. Allerdings zeigten sich keine Effekte auf den Selbstwert und die psychische Gesundheit. Van Emmerik, Bakker und Euwema (2008) führten eine ähnliche Untersuchung durch, die allerdings methodisch schwächer gestaltet war, da sie lediglich Querschnittsdaten beinhaltete und das Abschneiden aus Sicht der Teilnehmer und nicht aus Sicht der Organisation erfasste. Für Personen, die angaben, ungünstiges Feedback erhalten zu haben, zeigten sich dann auch im Selbstbericht negativere Werte zu Zynismus und Unzufriedenheit. Unklar bei diesem Untersuchungsansatz bleibt, ob diese Personen bereits vor dem Assessment-Center zynischer und unzufriedener waren. Bell und Arthur (2008) untersuchten, inwiefern Persönlichkeitsmerkmale einen Einfluss auf die Wahrnehmung und Akzeptanz von Feedback in Assessment-Centern haben. Sie konnten zeigen, dass insbesondere das Persönlichkeitskonstrukt *Verträglichkeit* die Akzeptanz von Feedback beeinflusst.

> **Fazit**
>
> Ein ausführliches Rückmeldegespräch für jeden Teilnehmer ist ein notwendiger Bestandteil jedes Assessment-Centers. Die Akzeptanz wird durch ein gut konstruiertes und in die Personalpolitik sinnvoll eingebettetes Verfahren, in dem relevante Beobachtungsdimensionen vorliegen, gesteigert.

4 Vorgehen

4.1 Darstellung der Interventionsmethoden

Die Durchführung des Assessment-Centers macht nur einen Bruchteil der Gesamtaktivitäten aus

Die Durchführung eines Assessment-Centers ist ein komplexer Prozess, bei dem die eigentliche Durchführung des Verfahrens nur einen Bruchteil der Arbeit und Zeit beansprucht. Folgendes Schema dient der Darstellung des zeitlichen Ablaufs (vgl. Abbildung 11).

Positionierung	Konstruktion	Ablauf	Nachbereitung
Zweck ↓ Zielgruppe ↓ Projektgruppe ↓ Implementierung	Tätigkeitsanalyse ↓ Aufgabenkonstruktion ↓ Projektgruppe ↓ Logistik	Beobachtertraining ↓ Einführung der Teilnehmer ↓ Durchführung ↓ Beobachterkonferenz	Feedback ↓ Fördergespräch ↓ PE-Maßnahmen ↓ Evaluation

Abbildung 11:
Ablaufschema eines Assessment-Centers

Die einzelnen Schritte werden im Folgenden im chronologischen Ablauf beschrieben. Weitere Gestaltungshinweise zu den jeweiligen Schritten finden sich in Kapitel 3.

Positionierung

Personalverantwortliche jedes größeren Unternehmens haben sich mit dem Gedanken beschäftigt, Assessment-Center-Verfahren in ihrer Organisation einzuführen, sei es für interne Führungskräfte, externe Bewerber oder zur Potenzialanalyse spezifischer Zielgruppen. Assessment-Center als Produkt ohne flankierende Maßnahmen in eine Organisation zu integrieren, ist naiv und letztendlich zum Scheitern verurteilt. Assessment-Center verändern die Entscheidungsmacht der bisherigen Entscheidungsträger, sie machen Leistungen und Defizite einzelner Personen im Unternehmen transparent. Sie wecken bei den Betroffenen Ängste vor öffentlichem Versagen und Erwartungen an anschließende individuell abgestimmte Personalentwicklungsmaßnahmen. Der Betriebsrat möchte ebenso eingebunden werden wie die bisherigen Entscheidungsträger.

Die Einführung eines Assessment-Centers sollte im Vorfeld gut durchdacht sein

Insofern sollte der *Zweck* einer Einführung wohlüberlegt sein. Was soll durch die Einführung eines Assessment-Centers erreicht werden? Ist ein Assessment-Center ein geeignetes Instrument oder gibt es Alternativen? Falls hierfür erste Überlegungen aus Sicht der Personalabteilung oder der Unternehmensführung stattgefunden haben, muss in einem nächsten Schritt eine mögliche *Zielgruppe* identifiziert werden. Um diese noch nicht endgültig spezifizierten Handlungsabsichten zu konkretisieren, empfiehlt sich die Bildung einer Projektgruppe, in der weitere inhaltliche Vorüberlegungen getroffen werden. Sollte die *Projektgruppe* „grünes Licht" für ein probeweises Einführen eines Assessment-Centers bekommen haben, ist die *Implementierung* desselben ebenfalls von der Projektgruppe zu leisten.

Bei diesen einzelnen Schritten ist es sicherlich klug, auf folgende Punkte zu achten:
– Positionierung der Bedeutung des Assessment-Centers im Rahmen anderer Personalbeurteilungsinstrumente
– Kompatibilität zu anderen Personalsteuerungsinstrumenten beachten
– Frühzeitige Einbeziehung aller betroffenen Interessengruppen in die Projektsteuerung
– Transparente Kommunikation über die anstehenden Veränderungen
– Begrenzte Variation bisheriger Entscheidungskompetenzen nach Einführung eines Assessment-Centers
– Bereitstellung der Ressourcen für PE-Prozesse nach Durchführung des Assessment-Centers
– Berücksichtigen der „Verliererproblematik".

Insbesondere der letzte Punkt muss gut überlegt sein. Entstehen innerhalb der Organisation „Verlierer" oder Personen, die sich so fühlen, in größerem Ausmaß, führt die Transparenz dieses Prozesses dazu, dass das Assessment-Center früher oder später abgestoßen wird. Dieser Problematik, die insbesondere bei internen Assessment-Centern bedeutsam ist, kann mithilfe von drei Stellschrauben entgegengewirkt werden. Zum einen kann durch eine gezielte Vorauswahl das Risiko reduziert werden, Verlierer zu produzieren. Das Assessment-Center ist nicht das Instrument, das mithilfe externer Berater negative Rückmeldung geben soll, die Vorgesetzte versäumt haben zu geben. Zum Zweiten kann durch die Positionierung des Assessment-Centers der Verliererproblematik entgegengewirkt werden. Vom einzigen die zukünftige Karriere entscheidenden Instrument bis zu einer zusätzlichen Entscheidungshilfe oder einem individuellen Beratungsinstrument für gezielte Personalentwicklung reicht hier die Palette möglicher Positionierungen. Je gewichtiger die Bedeutung eines Assessment-Centers wahrgenommen wird, umso wahrscheinlicher entstehen Verlierer. Zum Dritten ist die Akzeptanz größer, wenn nicht nur die Personalabteilung und das Management entsprechende Informationen gewinnen, sondern wenn auch der zutreffende Eindruck entsteht, dass die Rückmeldung als Basis für gezielte Investitionen in den Mitarbeiter genutzt wird, um ihn weiterzuentwickeln und zu fördern.

Stigmatisierung vermeiden

Konstruktion

Das Vorgehen bei der Konstruktion von Assessment-Centern lässt sich in vier Schritte unterteilen.

- *Tätigkeitsanalyse*

Bei der Tätigkeitsanalyse für die Zielstelle(n) gibt es eine Reihe unterschiedlicher Herangehensweisen, die im Überblick bei Schuler (2006) dargestellt sind. Eine standardisierte Vorgehensweise, wie Sie die Critical Incident Technique (CIT) (Flanagan, 1954) vorschlägt, ist sowohl in den USA als auch in Europa verbreitet (vgl. Tabelle 13).

Tabelle 13:
Art der Jobanalyse in Assessment-Centern (nach Krause & Thornton, 2009)

Assessment-Center	Anwendung in Westeuropa ($N=45$)	Anwendung in Nordamerika ($N=52$)
Art der Jobanalyse:		
Stellenbeschreibung	41%	76%
Interview mit dem Stelleninhaber	39%	56%
Interview mit dem Vorgesetzten	59%	54%
Fragebogen für den Stelleninhaber	14%	41%
Beobachtung des Stelleninhabers	7%	31%
Critical Incident Technique	36%	27%
Fragebogen für den Vorgesetzten	15%	29%
Neues Kompetenzmodell	43%	20%
Existierendes Kompetenzmodell	39%	20%
Workshop oder Teamwork	36%	15%

Eine solche Technik bietet neben der eigentlichen Tätigkeitsanalyse darüber hinaus den Vorteil, dass Anregungen zur Gestaltung der Aufgaben gewonnen werden können (s. u.). Wie der Ablauf einer CIT erfolgt, ist Abbildung 12 zu entnehmen. Wird mit Stelleninhabern, Vorgesetzen oder sonstigen Experten der Zielstelle ein solches CIT durchgeführt, kann davon ausgegangen werden, dass pro Person in einer Stunde je drei Beispiele erfolgreichen und weniger erfolgreichen Verhaltens gebildet werden können (vgl. Abbildung 12).

In einer Zusammenstellung von Krause und Thornton (2009) findet sich ein Vergleich der tatsächlich verwendeten Instrumentarien zur Tätigkeitsanalyse. Interessant an dieser Studie ist insbesondere, dass in den USA im Vergleich zu Westeuropa wesentlich mehr Zeit für die Ableitung der Dimensionen mit einer Tätigkeitsanalyse verwandt wird. Ein Zustand, der sicherlich auch hierzulande wünschenswert wäre, da die Gewinnung der Beobachtungsdimensionen keineswegs oberflächlich und ad hoc erfolgen sollte.

Eine Alternative zu der bottom-up-Methode CIT stellt die Ableitung der Dimensionen aus sogenannten Kompetenzmodellen der jeweiligen Organisationen dar (vgl. Thornton & Rupp, 2006). Bei dieser Herangehensweise wird versucht, aus den in der Organisation existierenden Kompetenzmodellen im Sinne eines top-down-Verfahrens Verhaltensdimensionen zu kreie-

Den Befragten (Arbeitsplatzinhabern, Vorgesetzten oder anderen kundigen Beobachtern) werden folgende Fragen gestellt. Die Antworten sollen Verhaltensweisen erkennen lassen, die entscheidend dafür sind, ob eine Tätigkeit effektiv oder ineffektiv erledigt wird. Die geschilderten Ereignisse sollten eigener Beobachtung entstammen.

Wer?

Beschreibung der handelnden Person (Stelleninhaber, Position, Abteilung etc.; kein Name)

Wo?

Beschreibung der Situation, äußere Umstände und Hintergrundbedingungen (z. B. im Beratungsgespräch, bei der Arbeit am Bildschirm, während einer Gruppendiskussion, in der ein Konflikt aufgekommen war)

Was?

Beschreibung der Handlung. Wie verhielt sich die Person? Was tat sie konkret? (An dieser Stelle muss der springende Punkt klar werden!)

Welche Konsequenzen?

Zu welchem Ergebnis führte die Handlung? (Das Ergebnis muss als Konsequenz des Verhaltens erkennbar sein. Effektivität oder Ineffektivität muss klar erkennbar sein.)

Abbildung 12:
Vorgehensweise bei der CIT (Schuler, 2002, S. 136)

ren, die dann Verwendung im Assessment-Center finden. Der Vorteil einer solchen Herangehensweise ist, dass die im Assessment-Center verwendeten Dimensionen zu den sonst im Unternehmen als wichtig erachteten Kompetenzen passen. Der Nachteil dieser Vorgehensweise besteht darin, dass häufig, wie in Kapitel 3 ausgeführt, weder theoretisch noch empirisch Evidenz für diese Kompetenzmodelle existiert. Auch ist unklar, inwiefern diese Kompetenzmodelle für einzelne spezifische Zielstellen Relevanz haben. Für breiter angelegte Personalentwicklungs- oder Potenzialanalyse-Assessment-Center scheint ein solches Vorgehen evtl. eher angebracht zu sein. In der Praxis im deutschen Sprachraum spielt die Gewinnung von Anforderungsdimensionen aus Kompetenzmodellen zwischenzeitlich eine größere Rolle, wie die Umfrage von Höft und Obermann (2010) zeigt.

Entsprechend den Ergebnissen der Tätigkeitsanalyse werden zwischen 5 und 15 Dimensionen gewonnen, die für die Zielstelle(n) relevant, unterscheidbar, auf den jeweiligen Einsatzzweck abgestimmt und beobachtbar sind.

- *Aufgabenkonstruktion*

Aus dem Material, welches bei der Tätigkeitsanalyse gewonnen wird, werden in einem zweiten Schritt die Aufgaben konstruiert, welche von den Teilnehmern im Assessment-Center bearbeitet werden sollen. Dies geht bei Verwendung der CIT wesentlich leichter als bei der Nutzung von organisa-

Anregungen zur Aufgabenkonstruktion aus der Tätigkeitsanalyse ziehen

tionsspezifischen Kompetenzmodellen, da bei der CIT Situationen zur Verfügung stehen, aus denen Aufgaben entwickelt werden können. Die Aufgaben sollen die Tätigkeiten der Zielstelle(n) entsprechend dem Simulationsprinzip des Assessment-Centers bestmöglich repräsentieren. Für die Konstruktion der Aufgaben empfiehlt es sich mit einem Berater zu arbeiten, der diesbezüglich Erfahrung hat, da diese Aufgabe zeitintensiv und qualitativ schwierig zu bewältigen ist. Die Aufgaben selbst sollten es ermöglichen, Verhalten auf den Anforderungsdimensionen ausreichend häufig und in unterschiedlicher Ausprägung zu beobachten. Aufgaben, bei denen alle Teilnehmer ähnliches Verhalten zeigen, sind ungeeignet zur Differenzierung, ebenso wie Aufgaben, die zwar unterschiedliches Verhalten ermöglichen, dieses Verhalten aber nur in losem Bezug zu den relevanten Anforderungsdimensionen steht. Außerdem sollten die Aufgaben so gewählt werden, dass die einzelnen Anforderungsdimensionen in verschiedenen Aufgaben in etwa gleich häufig zu beobachten sind. Die Anzahl zu beobachtender Dimensionen pro Übung sollte allerdings möglichst gering (<5) sein. Als Ergebnis dieses Schritts resultiert eine Anforderungs-Aufgaben-Matrix. Ein Beispiel für eine solche Matrix findet sich in Abbildung 13.

Sorgfältige Konstruktion der Anforderungs-Aufgaben-Matrix

Verhalten →	V1	V2	V3	V4	V5	V6	V7	V8	V9	V10
Anforderungen ↓	Kurzpräsentation	1. Gruppendiskussion	Interview	2. Gruppendiskussion	1. Rollenspiel	3. Gruppendiskussion	Präsentation	4. Gruppendiskussion	2. Rollenspiel	Postkorb
D1 Logisch-konzept. Denken & Handeln										
D2 Praktisch-variables Problemlösen										
D3 Initiative & Leistungsverhalten										
D4 Ausdrucksfähigkeit										
D5 Soziale Kompetenz										
D6 Führungsverhalten										

Anmerkung:
In den Zeilen stehen die erhobenen Anforderungen (D1 bis D6), in den Spalten die absolvierten Verhaltensweisen (V1 bis V10). Die realisierten Anforderungs-Verfahrens-Kombinationen sind weiß, die nicht erhobenen Kombinationen sind grau unterlegt. Im Verfahren „V4: 2. Gruppendiskussion" werden also z.B. die Anforderungen „D1: Logisch-konzeptionelles Denken und Handeln", „D5: Soziale Kompetenz" und „D6: Führungsverhalten" erfasst.

Abbildung 13:
Eine Anforderungs-Verfahrens-Matrix (modifiziert nach Höft & Funke, 2001, S. 157)

- *Skalenkonstruktion*

Im dritten Schritt erfolgt dann die Entwicklung der Beobachtungs- und Bewertungsskalen. Checklisten und sogenannte BARS (Behaviorally Anchored Rating Scales) sollten entwickelt werden, da sie meist den gewöhnlichen Ratingskalen überlegen sind, bei denen die Ausprägung von beobachtetem Verhalten auf einer Skala lediglich eingeschätzt werden soll, ohne dass die einzelnen Skalenwerte näher definiert sind (vgl. Kapitel 3). Je ein Beispiel für ein Checklistenverfahren und ein verhaltensverankertes Einschätzungsverfahren in einer führerlosen Gruppendiskussion ist Abbildung 14 zu entnehmen.

Hilfsmittel für die Beobachtung

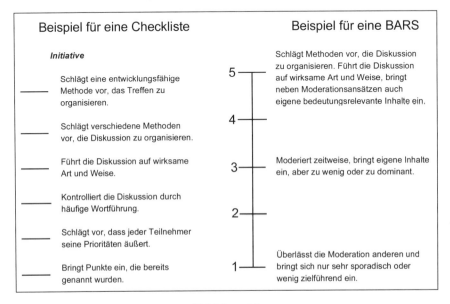

Abbildung 14:
Beispiel für eine Verhaltenscheckliste und eine BARS

- *Logistik*

Nachdem die Skalen für die einzelnen Dimensionen und Aufgaben konstruiert sind, erfolgt in einem vierten Schritt die logistische Vorarbeit. Die Teilnehmer müssen vorausgewählt, informiert und eingeladen werden. Die Beobachterzusammensetzung muss definiert und die Verfügbarkeit muss sichergestellt werden. Räume in ausreichender Zahl, Zusatzmaterialien sowie logistische Unterstützung vor Ort müssen gesichert sein. Zusätzlich muss das Assessment-Center so konstruiert sein, dass jeder Teilnehmer möglichst gleich häufig von jedem Beobachter bewertet wird und das Aufeinandertreffen der Teilnehmer in den einzelnen Aufgaben so gestaltet wird, dass sich die verschiedenen Teilnehmer in etwa gleich häufig in den einzelnen Aufgaben begegnen. Die Unterlagen müssen erstellt und zur Sichtung im Vorfeld den Beobachtern zugestellt werden.

Logistische Vorarbeiten sind erforderlich

Ablauf

Beobachtertrainings werden meist unmittelbar vor dem eigentlichen Assessment-Center durchgeführt. Die Dauer der Beobachtertrainings ist in der Regel laut der internationalen Befragung von Krause und Thornton (2009) 1 bis 2 Tage. Nach den Ergebnissen der Studie von Höft und Obermann (2010) werden im deutschen Sprachraum Beobachtertrainings kürzer, d. h. im Schnitt knapp eintägig, durchgeführt. Die Effekte von Beobachtertrainings sind bedeutsam (Melchers, Lienhardt, von Aarburg & Kleinmann, 2011) und sorgen dafür, dass die Qualität der anschließenden Beobachtungen im Assessment-Center spürbar ansteigt. Dies gilt besonders für Personen, die bisher keine Assessment-Center-Erfahrung haben. Insofern macht es wenig Sinn ein Assessment-Center zu entwickeln, ohne die Ressourcen für ein Beobachtertraining bereitzustellen. Im Beobachtertraining werden die Beobachter mit dem Ablauf, den Übungen, den Dimensionen, den Skalen und ihrer Rolle vertraut gemacht. Sie lernen, Verhalten den Dimensionen zuzuordnen und diese in einer Übungsphase zu bewerten sowie Beobachterfehler zu vermeiden.

> **Beobachtertrainings haben bedeutsame Effekte**

Nach oder parallel zu dem Beobachtertraining werden die *Teilnehmer empfangen*. Es empfiehlt sich, sich für diese Phase Zeit zu nehmen, da in der Regel ein größeres Maß an Ängstlichkeit bei den Teilnehmern zu beobachten ist. Über die Bedeutung, den Ablauf, evtl. die Anforderungsdimensionen, die Rolle der Beobachter, Verbleib der Gutachten, anschließendes Prozedere sollten die Teilnehmer ausführlich informiert werden. Fragen der Teilnehmer sind zu beantworten und unrealistische negative Phantasien zu zerstreuen. So sollten die Teilnehmer auch wissen, dass Beobachter in der Regel über das gesamte Assessment-Center keinerlei verbales oder mimisches Feedback geben. Als erste Übung innerhalb der Durchführung des Assessment-Centers empfiehlt sich eine gemeinsame, nicht bewertete Vorstellungsrunde, bei der sich Beobachter und Teilnehmer gegenseitig vorstellen und ein wenig miteinander vertraut werden. Dies dient der Entspannung der Teilnehmer und dem gegenseitigen Einfinden in die Situation.

> **Einführungs- und Vorstellungsrunde**

Durchführung Die eigentliche *Durchführung* findet meist in einer Gruppenstärke von 6 bis 12 Teilnehmern mit etwa der Hälfte an Beobachtern statt. Bei einer 12er-Gruppe wird die Gruppe in zwei Teilgruppen unterteilt. Das Assessment-Center findet dann in zwei Räumen zeitlich parallel statt, welches von Moderatoren, meist Psychologen, geleitet wird. Die Dauer des Assessment-Centers beträgt ein bis mehrere Tage. Dabei wird jeder Teilnehmer von mehreren Beobachtern nach jeder Übung bzgl. der Ausprägung auf einzelnen Dimensionen bewertet.

Nachdem die letzte Aufgabe durchgeführt wurde, werden die Teilnehmer vorläufig verabschiedet. Die Beobachter kommen zu der *Beobachterkonferenz* zusammen. In der Regel erfolgt dies in Form einer „klinischen" Eindrucksbildung. Die Einzeleinschätzungen der Teilnehmer werden pro Teilnehmer Dimension für Dimension, Übung für Übung besprochen mit dem Ziel, als Beobachtergremium zu einer einheitlichen Entscheidung zu kommen und Verhaltensdefizite wie auch Stärken zu benennen. Grundlage für diesen Prozess sind die Mitschriften der Beobachter sowie die Einzelbewertungen derselben. Dieser Prozess der Beobachterkonferenz ist vergleichsweise zeitintensiv, insbesondere dann, wenn zusätzlich ein schriftliches Gutachten angefertigt wird. Pro Teilnehmer ist mit mindestens ein bis zwei Stunden Besprechungszeit zu rechnen. Alternativ oder ergänzend zu diesem Vorgehen können statistische Cut-Off-Kriterien vereinbart werden, bei deren Unterschreitung bestimmte Entscheidungen feststehen. Auch wenn die Beobachterkonferenz meist nicht sehr abweichende Ergebnisse zu den Mittelwerten der Einzelbewertungen liefert, fördert sie doch ungemein die Akzeptanz der Ergebnisse und erbringt zusätzliche qualitative Aspekte für die Rückmeldung. Wichtig bei der Moderation dieser Konferenz ist unter anderem darauf zu achten, dass schriftliche Leistungen, die die Beobachter nicht direkt „erleben" konnten, nicht in ihrer Bedeutung reduziert werden.

Für die Beobachterkonferenz genügend Zeit einplanen

Nachbereitung

Das *Feedback* ist der interessanteste Teil des Assessment-Centers aus Sicht der Teilnehmer. Hier bekommen sie (vielleicht erstmals) Rückmeldung über ihr Verhalten, die Wahrnehmung ihrer Stärken und Schwächen durch relevante Dritte. Da diese Rückmeldung zudem neben ihrer selbstwertrelevanten Bedeutung häufig mit bedeutsamen beruflichen Entscheidungen gekoppelt ist, erfordert ein solches Gespräch viel Fingerspitzengefühl. Es sollten zentrale Punkte angesprochen werden, ohne den Gesprächspartner zu verletzen, aber auch ohne zu beschönigen. Der Akzeptanz des Gesprächs ist es ebenfalls zuträglich, wenn die beurteilten Gesprächspartner ihre Sicht der Dinge darstellen können und die Beobachter offen prüfen, inwieweit die Sichtweise der Teilnehmer berechtigt ist und in Einzelpunkten evtl. einer Nachbesserung der Einschätzung bedarf. Umgesetzt kann dies beispielsweise dadurch werden, dass abgestimmte Ergänzungen der Teilnehmer in das Gutachten integriert werden und das Gutachten anschließend von beiden Seiten unterschrieben wird. Das Gespräch selbst sollte von einem Psychologen und einer weiteren Person, die ebenfalls an dem Assessment-Center als Beobachter (z. B. Personalentwickler) teilgenommen hat, geführt werden. Auch sollten in dem Gespräch bereits erste Personalentwicklungsmaßnahmen angedacht werden.

Rückmeldung erfordert viel Fingerspitzengefühl

Nach ein bis zwei Wochen empfiehlt sich ein zweites *Gespräch mit dem Fokus auf die Förderung*. In diesem Gespräch, an dem der direkte Vorgesetzte und eine der Personen, die das Rückmeldegespräch geführt haben (z. B. Personalentwickler), teilnehmen, werden zuerst die wesentlichen Ergebnisse des Assessment-Centers dargestellt und dann anschließend konkrete *Personalentwicklungsmaßnahmen* vereinbart, bei denen neben den

Fokus auf Förderung

Inhalten auch die einzelnen Rollen der Beteiligten und deren Verständnis abgesprochen werden. Dies gilt sowohl für die betroffene Führungskraft, deren Fachvorgesetzten wie auch die beteiligte Personalabteilung.

Kontinuierliche Evaluation

Während der teils mehrjährigen Follow-up-Maßnahmen sollte die Umsetzung der Maßnahmen sowie deren Richtigkeit durch alle Beteiligten überwacht und gegebenenfalls korrigiert werden. Neben diesem *Controlling* der individuellen Maßnahmen sollte unabhängig hiervon in definierten Abständen die Positionierung des gesamten Verfahrens und deren Auswirkungen auf die Organisation evaluiert werden, um unerwünschte Effekte wie eine Verliererproblematik, elitäres „high potential"-Gehabe oder ineffektive Personalentwicklungsmaßnahmen zu erkennen und ggf. nachsteuern zu können.

4.2 Wirkungsweise der Methoden

Die derzeit diskutierten sechs Ansätze zur Wirkungsweise des Assessment-Centers sind die indirekte Kriterienkontamination, die direkte Kriterienkontamination, ein genereller Leistungsfaktor, die verwendeten Dimensionen, die selbsterfüllende Prophezeiung und der Ansatz der sozialen Intelligenz. Theoretische Überlegungen und empirische Befunde, die zu einem Verständnis der Modelle führen und damit dessen, was sich in einem Assessment-Center ereignet, wurden bereits in Kapitel 2 berichtet. Daher soll der Fokus im Folgenden noch etwas breiter auf die Testgütekriterien, Kriteriumsvalidität und Konstruktvalidität gelegt werden, die für Personalauswahl bzw. Personalentwicklung zentral sind. Hierbei werden die derzeitigen Forschungsergebnisse zusammenfassend berichtet.

4.3 Effektivität und Prognose

Eine „klassische" Validitätsstudie

Die wohl bekannteste Validitätsstudie ist die sogenannte *Management-Progress-Studie* (Bray & Grant, 1966). 422 Führungsnachwuchskräfte der Firma AT&T wurden mit einer großen Anzahl psychologischer Tests sowie situativen Übungen bezüglich 25 Anforderungen eingeschätzt. Neben den Tests hatten die Teilnehmer u. a. Gruppendiskussionen, Wirtschaftsspiele und Postkorbübungen durchzuführen. Die Ausprägung der Anforderungen wurde für die einzelnen Teilnehmer von den Beobachtern eingestuft. Die Beobachter waren Psychologen. Zusätzlich wurde von den Beobachtern eine Einschätzung verlangt, ob die Beurteilten in das mittlere Management aufrücken würden. Sowohl die eingestuften Anforderungsausprägungen als auch der prognostizierte Karriereerfolg wurde dann mit dem tatsächlichen Karriereerfolg 8 bzw. 16 Jahre später verglichen. Weder die Vorgesetzten noch die Teilnehmer wurden über die Ergebnisse der Assessment-Center informiert, was die Interpretation der Ergebnisse erleichtert, da keine Kontamination im Sinne einer „self-fulfilling prophecy" (siehe Kapitel 2.6) vorliegt. Tabelle 14 gibt ausschnittsweise die wichtigsten Ergebnisse dieser Studie wieder.

Tabelle 14:
Trefferquoten und Validitätskoeffizienten bei der Management-Progress-Studie (Daten aus Bray & Grant, 1966; Huck, 1973; Thornton & Byham, 1982; nach Schuler, 1989b)

Prädiktor		Kriterium			
		nach 8 Jahren		nach 16 Jahren	
Kandidat wird in 10 Jahren im mittleren Management sein	N	mit College	ohne College	mit College	ohne College
ja	103	64%	40%	89%	63%
nein/fraglich	106	32%	9%	66%	18%
Validitätskoeffizient		.46	.46	.33	.40

Betrachtet man die Personen, für die eine Position im mittleren Management prognostiziert wurde, zeigt sich: Nach achtjähriger Tätigkeit hatten 64% der Kandidaten mit Collegeabschluss diese Position erreicht. Personen, bei denen keine Funktion im mittleren Management erwartet wurde, erreichten diese Position auch nur halb so häufig (32%). Noch deutlicher sind diese Effekte bei den Kandidaten ohne entsprechenden Abschluss. Mehr als viermal so häufig erreichten Mitarbeiter mittlere Managementpositionen, wenn dieses durch das Assessment-Center prognostiziert wurde. Für beide Gruppen lässt sich hieraus ein Validitätskoeffizient von $r=.46$ errechnen. Betrachtet man die Daten nach 16 Jahren, fällt auf, dass die meisten der im Auswahlverfahren vertretenen Mitarbeiter inzwischen ins mittlere Management befördert wurden. Insofern erscheint die Wahl des Kriteriums „mittleres Management" zu diesem Zeitpunkt unglücklich, da die Varianz des Kriteriums stark vermindert ist. Ein weiterer Kritikpunkt betrifft die unterschiedlich hohe Anzahl von „drop outs" in den einzelnen Bedingungen. Systematische Effekte auf die Höhe der Validität sind nicht auszuschließen, da unklar ist, wie die Höhe der Validität durch das Verlassen von Mitgliedern der Unternehmung beeinflusst wurde. Weitere Kritikpunkte an dieser Studie finden sich bei Thornton und Byham (1982). Insgesamt ist diese sehr aufwendige Validitätsstudie jedoch ein eindrucksvoller Nachweis für die Validität des Assessment-Centers. Weitere Studien zur prognostischen Validität liegen in großer Zahl vor. Einen ersten Überblick über Validitätskoeffizienten verschiedener Studien gibt der Überblicksartikel von Arthur und Day (2010) für den amerikanischen Raum sowie die Artikel von Becker et al. (2011) sowie Holzenkamp, Spinath und Höft (2010) für den deutschsprachigen Raum. Bei den zugrunde liegenden einzelnen Validitätsstudien schwanken die Korrelationskoeffizienten stark für die Assessment-Center.

Wie hoch liegt nun die *prognostische Validität* des Assessment-Centers tatsächlich? Gibt es überhaupt einen Schätzwert hierfür oder ist die prognostische Validität von Assessment-Center-Verfahren situationsspezifisch? Konkretisiert man diese Fragestellung an einem fiktiven Beispiel, so müsste die Frage lauten: Warum hat die Studie A einen Validitätskoeffizienten von $r=.30$ erbracht, die Studie B hingegen einen von $r=.50$? Studie A beschreibt ein dreitägiges Assessment-Center mit 12 Teilnehmern aus dem Finanzbereich, mit vielen situativen Übungen, Psychologen als Beobachtern und Potenzialeinschätzungen von Vorgesetzten als Kriterium. An Studie B nahmen pro Assessment-Center nur sechs Personen teil. Es handelte sich um obere Führungskräfte aus dem Bereich Marketing. Als Beobachter fungierten Manager. Kriterium war das Erreichen der nächsten Hierarchiestufe. Inwiefern sind die Validitätskoeffizienten vergleichbar bzw. von welchen Faktoren hängt die Variation des Validitätskoeffizienten ab? Eine Antwort auf solche oder ähnliche Fragen ist erst mit der Entwicklung metaanalytischer Techniken möglich geworden. Mit ihrer Hilfe sollen die Einflüsse verschiedener Studienparameter quantifizierbar gemacht werden, um Aussagen über die Zusammenhänge von zentralen Variablen der einzelnen Studien unabhängig vom gewählten Forschungsdesign treffen zu können. Ende der 70er Jahre beschäftigte sich eine amerikanische Forschungsgruppe mit diesen prinzipiellen Fragen der Eignungsdiagnostik (Schmidt & Hunter, 1978). Ergebnis ihrer Untersuchungen mithilfe sogenannter Metaanalysen ist, dass häufig ein Großteil der Variation des Validitätskoeffizienten auf vier Artefakte zurückgeführt werden kann. Es sind die Größe der Stichprobe, mangelnde Reliabilität des Prädiktors und des Kriteriums sowie eingeschränkter Messwertbereich des Kriteriums. In der Berufseignungsdiagnostik hat sich unter den verschiedenen Varianten der Metaanalyse das Verfahren der „Validitätsgeneralisierung" durchgesetzt (Hunter, Schmidt & Jackson, 1982). Ziel dieses Verfahrens ist es, einen Schätzwert für die von Artefakten bereinigte prognostische Validität zu ermitteln sowie Moderatorvariablen zu finden, die die prognostische Validität beeinflussen. Bezogen auf das Assessment-Center wurden bereits mehrere Metaanalysen veröffentlicht (Arthur et al., 2003; Dilchert & Ones, 2009; Gaugler et al., 1987; Hardison & Sackett, 2007; Hermelin, Lievens & Robertson, 2007; Holzenkamp et al., 2010; Hunter & Hunter, 1984; Meriac et al., 2008).

Der Nutzen von Metaanalysen ist hoch

Die Ergebnisse zweier *Metaanalysen zur prognostischen Validität* sind der nachfolgenden Tabelle 15 zu entnehmen. Weitere Metaanalysen werden anschließend dargestellt. Bei den Ergebnissen in Tabelle 15 handelt es sich zum einen um die „klassische" Metaanalyse von Gaugler et al. (1987), welche häufig als „Standard" bei Vergleichen herangezogen wird und zum anderen um eine aktuelle Metaanalyse aus dem deutschen Sprachraum (Holzenkamp et al., 2010). Hierbei zeigt sich, dass für die unterschiedlichen Kriterienmaße größtenteils befriedigende Validitätskoeffizienten vorliegen. Insofern kann das Assessment-Center als prognostisch valide bezeichnet

Assessment-Center sind prognostisch valide

werden, auch wenn es im Kanon eignungsdiagnostischer Instrumente nicht den Spitzenplatz belegt (vgl. Schmidt & Hunter, 1998).

Tabelle 15:
Kriteriumsvalidität des Assessment-Centers

Kriterien	Gaugler et al. (1987)		Holzenkamp et al. (2010)
	$\bar{r}_d$	ρ_{xy}	ρ_{xy}
Globale Leistungsbeurteilung	.25	.36	
Dimensionale Leistungsbeurteilung	.22	.33	
Potenzialeinschätzung	.40	.53	.47
Trainingsleistung/Ausbildungserfolg	.30	.35	.32
Karrierefortschritt/Berufserfolg	.30	.36	.41
Insgesamt	.29	.37	.36

Anmerkungen: $\bar{r}_d$: Validitätskoeffizient, ρ_{xy}: korrigiert um Stichprobenfehler und Unreliabilität

Für den deutschen Sprachraum zeigen sich in der Metaanalyse zufriedenstellende Ergebnisse. Korrigiert man die Ergebnisse der Metaanalyse zusätzlich um die Streuungseinschränkung, erhält man eine gemittelte Validitätsschätzung von .40. Damit kann das Assessment-Center, unabhängig vom Kulturkreis, als valide betrachtet werden.

Wie Lievens und Thornton (2007, S. 45) ausführen, werden die Validitätskoeffizienten von Assessment-Centern im Vergleich zu strukturierten Interviews eher unterschätzt, da traditionell Metaanalysen zur Korrektur der Kriteriumsreliabilität bei Assessment-Centern höhere Werte, .77, verwenden (Gaugler et al., 1987, S. 496), als dies in Metaanalysen für strukturierte Interviews der Fall ist, .52 (Viswesvaran, Ones & Schmidt, 1996). Würde man die gleichen Korrekturmaße bei Assessment-Centern verwenden, käme beispielsweise die Metaanalyse von Gaugler et al. (1987) für die korrigierte Validität auf einen Schätzwert von .45. Insofern ist es wahrscheinlich, dass die niedrigeren Validitätskoeffizienten in der Metaanalyse von Hardison und Sackett (2007) neben diesem Sachverhalt weiterhin auf die nicht erfolgte Korrektur der Streuungseinschränkung zurückzuführen sind und nicht auf eine rückläufige Validität von Assessment-Center-Verfahren im Allgemeinen. So führen Hardison und Sackett (2007, S. 199) in ihrer sehr umfangreichen Metaanalyse ($N = 11.136$) selbst aus: „Jeglicher Unterschied zwischen den Schätzungen der aktuellen Studien und den Schätzungen von Gaugler et al. (1987) könnte einfach auf die Unterschiede der Streuungseinschränkungen zurückzuführen sein". Neben den Ergebnissen von Hardison und Sackett (2007) berichten Hermelin et al. (2007) in einer weiteren Metaanalyse ebenfalls niedrigere Validitätskoeffizienten als Gaugler et al. (1987). Hermelin et al. nehmen an, dass diese niedrigeren Validitätskoeffizienten jüngerer Studien in erster Linie aufgrund einer strengeren Vorselektion zustande kommen, da Assessment-Center vergleichsweise kostenintensive Personalauswahlverfahren sind. Für diese von Hermelin et al. geäußerte These der Rangeeinschränkung spricht, dass bei den Studien ihrer Metaanalyse, die zusätzlich Intelligenztests enthalten, für die verwendeten Intelligenztests ebenfalls geringere Validitätskoeffizienten zu finden sind ($r=.10$) als üblicherweise in Metaanalysen zur Validität von Intelligenz in europäischen Studien berichtet werden ($r=.29$) (Hermelin et al., 2007, S. 408). Gegen die These, dass Assessment-Center in jüngerer Zeit geringere Validitätskoeffizienten aufweisen, sprechen die Ergebnisse der Studie von Holzenkamp et al. (2010), die zeigen konnten, dass Assessment-Center auch im deutschen Sprachraum valide sind. So halten die Autoren aufgrund ihrer zusätzlichen empirischen Analysen in ihrer Metaanalyse fest: „Kein Moderator stellt das Jahr der Veröffentlichung dar, was Aussagen widerspricht, dass die Qualität des AC über die Jahre schwächer geworden sei" (Zitat aus Obermann, 2009, S. 320). Besonders gut gelingt nach dieser Metaanalyse die Potenzialeinschätzung, besonders schwierig ist offensichtlich die Vorhersage objektiver Leistungskennziffern (z. B. Umsatzzahlen). Da letztgenannte Kriterien nicht nur vom Verhalten von Stelleninhabern beeinflussbar sind, sondern auch von anderen Variablen wie Mitbewerber, Standort oder Konjunktur, ist wahrscheinlich die Kriterienkontamination dieser „objektiven" Leistungskennziffern für die geringere Validität mit verantwortlich. Ein wichtiger Moderator für die Validität von Assessment-Centern ist hingegen die Anzahl eingesetzter Übungen (bzw. Beurteilungsinstrumente). Ergebnisse zum Moderator „Anzahl von Übungen" für die Validität von Assessment-Centern sind in Tabelle 16 zu finden.

Tabelle 16:
Moderatoranalyse zur Gesamtzahl eingesetzter Beurteilungsinstrumente
(nach Holzenkamp et al., 2010)

	N	Mittleres r	Korrigiert bzgl. Kriterienunreliabilität ρ
Gesamt	3.042	.32	.36
bis zu 10	1.524	.22	.24
10 und mehr	1.518	.43	.49

Moderierende Variablen

Moderatoren, die zu einer Erhöhung der prognostischen Validität beitragen, sind nach dieser Metaanalyse und weiteren Studien ein größerer Anteil an Frauen als Teilnehmer, viele unterschiedliche Beurteilungsinstrumente (Aufgaben bzw. insbesondere weitere Testverfahren wie Intelligenztests), das Hinzuziehen von Psychologen als Beobachter und das Durchführen von Peer-Ratings. In einer interessanten Studie von Schuler, Funke, Moser, Donat und Barthelme (1995) konnte gezeigt werden, dass die prognostische Validität von Assessment-Center-Verfahren bei der Verwendung von Vorgesetztenbeurteilungen ungleich höher war, wenn sie diese Personen langjährig führten, als wenn dies nur in geringem Ausmaß vorlag. Hatten Vorgesetzte nur wenige Möglichkeiten, sich ein ausgewogenes Bild von den Teilnehmern zu machen, wird die Validität von Assessment-Centern bei der Verwendung von Vorgesetztenurteilen als Kriteriumsmaß unterschätzt.

Einen methodisch anderen Ansatz zur Berechnung der Validität beinhalten die Metaanalysen von Arthur et al. (2003), Dilchert und Ones (2009) sowie die Metaanalyse von Meriac et al. (2008). Zentrales Anliegen dieser Analysen ist es zu zeigen, welche breiten Dimensionsfaktoren prognostisch valide sind und wie diese Dimensionen mit etablierten Konstrukten zusammenhängen. Als Prädiktor dient in diesen Metaanalysen nicht das Gesamtergebnis des Assessment-Centers, sondern die *Gesamt-Dimensionseinschätzungen* ohne die Dimension „Toleranz für Stress/Unsicherheit". Die tatsächlichen Dimensionseinschätzungen wurden den verbleibenden sechs bereits erwähnten breiten Dimensionen von Arthur et al. (2003) zugeordnet. Die Validitäten dieser Metaanalyse für die einzelnen breiten Dimensionen sind Tabelle 17 zu entnehmen.

Tabelle 17:
Metaanalyse für AC-Dimensionen
(Arthur et al., 2003)

AC-Dimension	K	N	r
Kommunikation	40	16.385	.26
Aufmerksamkeit für andere	37	5.699	.20
Antrieb	42	7.696	.24
Andere beeinflussen	47	19.827	.30
Organisieren und Planen	40	16.573	.29
Probleme lösen	52	17.581	.30
Insgesamt	258	83.761	.28

Anmerkungen: K=Anzahl der Korrelationen, N=Anzahl der Teilnehmer, r=Durchschnitt der gewichteten Korrelationen

Durch eine regressionsanalytische Kombination dieser Dimensionen lässt sich zeigen, dass die Vorhersagegenauigkeit, d.h. die Validität, zusätzlich erhöht werden kann. Dabei zeigten sich vier Dimensionen als besonders bedeutsam: Kommunikation, Aufmerksamkeit für andere, Organisieren und Planen sowie Probleme lösen. Hierbei ist die letztgenannte Dimension die mit Abstand bedeutungsvollste. Meriac et al. (2008) konnten zusätzlich zeigen, dass diese breiten Assessment-Center-Dimensionen inkrementelle Validität über Persönlichkeitsinventare und Intelligenz hinaus aufweisen, während dies nach der Studie von Dilchert und Ones (2009) nicht für die Verwendung des Assessment-Center-Gesamtergebnisses der Fall ist.

Zur Ermittlung der *Konstruktvalidität* innerhalb des Assessment-Centers wurde hauptsächlich folgender Weg beschritten. Zum einen wurde ermittelt, inwieweit die Übereinstimmung identischer Dimensionen (z. B. Überzeugungsvermögen) in verschiedenen Aufgaben zu ähnlichen Resultaten führt. Erwünscht war eine hohe Übereinstimmung (*konvergente Validität*), da dann Sicherheit über die Ausprägung dieses Merkmals besteht. Auch sollten unterschiedliche Dimensionen (z. B. Überzeugungsvermögen und Entscheidungsverhalten) innerhalb einer Aufgabe nur gering korrelieren (*diskriminante Validität*), um die Unterscheidbarkeit verschiedener Dimensionen sicherzustellen. Die Forschungsergebnisse zu den beiden Aspekten der Konstruktvalidität sind Tabelle 18 zu entnehmen. Leider zeigt sich konsistent, dass die konvergenten Validitätskoeffizienten eher niedrig und die diskriminanten Validitätskoeffizienten eher hoch sind. In ihrer Metaanalyse zur Konstruktvalidität konnten Woehr und Arthur (2003) bzw. in erweiterter Form Woehr, Arthur und Meriac (2007) zeigen, dass die mittlere konvergente Validität bei .33 und die mittlere diskriminante Validität bei .54 liegt. Insofern werden die intendierten Dimensionen (Konstrukte), wie bereits in Kapitel 2.1 erwähnt, nur unzureichend erfasst (vgl. Lance, 2007).

Konstrukt-validität

Tabelle 18:
Konstruktvalidität von Assessment-Centern

Autoren	N	$\bar{r}_k$	$\bar{r}_d$
Sackett & Dreher (1982)	86	.07	.64
Russell (1987)	75	.25	.53
Bycio, Alvares & Hahn (1987)	1.170	.37	.75
Harris, Becker & Smith (1993)	856	.33	.42
Kudisch, Ladd & Dobbins (1997)	138	.29	.41
Lance et al. (2000)	353	.24	.55
Robie et al. (2000)	100	.39	.60
Lance, Foster et al. (2004)	260	.31	.78
Lance, Foster et al. (2004)	199	.32	.78

Anmerkungen: N = Teilnehmer pro Studie, $\bar{r}_k$ = konvergente Validität, $\bar{r}_d$ = diskriminante Validität

Als Konsequenz dieser Ergebnisse gab es vielfältige Forschungsanstrengungen, deren Ergebnisse in Kapitel 3 beschrieben sind und hier nochmals beispielhaft in Tabelle 19 zusammengefasst sind.

Tabelle 19:
Beispiele für Einzelstudien zu Moderatoren der Konstruktvalidität

Höhere Konstruktvalidität bei einer ...	r_k	r_d	Quelle
geringeren Anzahl von Dimensionen	.70 → .83	.89 → .83	Gaugler & Thornton (1989)
geringeren Homogenität der Dimensionen		.86 → .55	Kleinmann et al. (1995)
höheren Transparenz der Dimensionen für Teilnehmer	.30 → .35	.60 → .61	Kleinmann et al. (1996)
	.22 → .29	.52 → .50	Kolk (2001)
Verwendung von Verhaltenschecklisten durch Beobachter	.24 → .43	.47 → .41	Reilly et al. (1990)
Vorgehensweise, bei der jeder Beobachter bei jedem Teilnehmer nur eine Dimension beurteilt	.39 → .71	.60 → .29	Robie et al. (2000)

Anmerkungen: r_k = konvergente Validität, r_d = diskriminante Validität

Nach den Ergebnissen der Metaanalyse von Woehr et al. (2007) führen insbesondere Faktoren, die die kognitive Belastung der Beobachter reduzieren, wie eine geringere Anzahl an zu beobachtenden Dimensionen, ein günstiges Teilnehmer-/Beobachterverhältnis sowie eine Schulung der Beobachter zu einer Verbesserung der Konstruktvalidität. In einer weiteren Metaanalyse (Kolk, 2001) wurden die Ergebnisse der Anstrengungen zur Verbesserung der Konstruktvalidität dokumentiert. In diese Metaanalyse gingen 41 Studien zur Konstruktvalidität von Assessment-Centern ein. Konvergente Validitätskoeffizienten lagen durchschnittlich bei $r = .35$, diskriminante bei $r = .68$. Studien, die darauf bedacht waren, die Konstruktvalidität zu erhöhen, führten zu einer durchschnittlichen konvergenten Validität von $r = .42$ und einer diskriminanten Validität von $r = 60$. Bei denjenigen Studien, die insbesondere den Ratingprozess beeinflussen (z. B. Lammers & Holling, 2000), erhöht sich die konvergente Validität auf $r = .67$. Zu ähnlichen Ergebnissen kommen in einem Überblicksartikel Lievens und Conway (2001).

Die Überlegungen in der Metaanalyse von Woehr et al. (2007) gehen implizit davon aus, dass das (konsistente) *Teilnehmerverhalten* durch bestimmte

Interventionen besser erfasst werden kann (vgl. auch Höft, 2007). Was aber, wenn das Teilnehmerverhalten gar nicht *situationsübergreifend konsistent* ist? Lievens (2002) konnte in einem experimentellen Setting nachweisen, dass Beobachter Teilnehmer adäquat in ihrer Verhaltenskonsistenz einschätzen konnten, abhängig davon, ob sich diese instruierten Teilnehmer konsistent oder inkonsistent verhalten. Wovon hängt es nun ab, ob Teilnehmer sich konsistent oder inkonsistent verhalten? Bisherige Untersuchungen legen nahe, dass dies sowohl an der Situation wie auch an der Person liegen kann. Im Sinne der Trait-Activation-Theory (Tett & Burnett, 2003) sollten Teilnehmer in Übungen (Situationen), die vergleichbare Traits (Dimensionen) aktivieren, konsistenter bewertet werden, als wenn Situationen in unterschiedlichem Maße Traits (Dimensionen) aktivieren. Lievens et al. (2006) konnten dies auch bei der Reanalyse verschiedener Studien empirisch bestätigen. Anderseits kann die Inkonsistenz der Verhaltensweisen über Übungen hinweg auch durch die unterschiedlichen Fähigkeiten von Teilnehmern bedingt sein, zu erkennen, was bewertet wird. Kleinmann (1993) konnte zeigen, dass ähnlichere Bewertungen auf identischen Dimensionen (konvergente Validität) erfolgen, wenn Personen in zwei unterschiedlichen Übungen erkennen, was bewertet wird, als wenn sie nur in einer Übung erkannten, was bewertet wird. In einer neueren Studie konnten Jansen, Lievens und Kleinmann (2011) weiterhin zeigen, dass ähnliche Bewertungen zwischen Assessment-Center-Dimensionen und korrespondierenden Persönlichkeitsinventaren dann erfolgten, wenn Teilnehmer die bewerteten Dimensionen im Assessment-Center erkannten. Insofern scheint für die Inkonsistenz des Teilnehmerverhaltens neben den Bedingungen der Zuordnung von Übungen und Dimensionen das individuell inkonsistente Verhalten mit für die Konstruktvalidität bedeutsam zu sein.

Neben diesem einen Weg, bei dem innerhalb des Assessment-Centers Daten analysiert werden, wurden zum Zweiten den Assessment-Center-Teilnehmern häufig Tests und Fragebogen vorgegeben, um zu erkennen, welche etablierten *Persönlichkeitskonstrukte* mit den Beobachtereinschätzungen im gesamten Assessment-Center zusammenhängen. In der Metaanalyse von Scholz und Schuler (1993) zeigte sich, dass insbesondere Teilnehmer gut abschneiden, die intelligent, hoch leistungsmotiviert, sozial kompetent und mit Selbstvertrauen ausgestattet sind. Die einzelnen Ergebnisse sind Tabelle 20 zu entnehmen. Weitere Metaanalysen, die den Zusammenhang zu etablierten Konstrukten untersuchten, sind die bereits erwähnten Arbeiten von Meriac et al. (2008) und von Dilchert und Ones (2009) sowie die Arbeit von Wirz, Melchers, Kleinmann, Lievens, Annen und Bettler (2012), die den Zusammenhang zu externen Verhaltensbeurteilungen auf identischen Dimensionen untersuchte.

Tabelle 20:
Metaanalyse Assessment-Center und Persönlichkeitsmerkmale
(Scholz & Schuler, 1993)

Merkmale	K	N	$\bar{r}_{xy}$	ρ_{xy}
Intelligenz	28	17.373	.33	.43
Neurotizismus	8	909	−.12	−.15
Extraversion	10	1.328	.10	.14
Offenheit	5	631	.07	.09
Verträglichkeit	7	871	−.05	−.07
Gewissenhaftigkeit	4	494	−.05	−.06
Dominanz	8	909	.23	.30
Leistungsmotivation	5	613	.30	.40
Soziale Kompetenz	7	572	.31	.41
Selbstvertrauen	6	601	.24	.32

Anmerkungen: K=Anzahl der Studien, N=Teilnehmer der Metaanalyse, $\bar{r}_{xy}$ = Validitätskoeffizient, ρ_{xy}=korrigiert um Stichprobenfehler und Unreliabilitäten in beiden Maßnahmen

4.4 Varianten der Assessment-Center-Methode

Assessment-Center werden in der Regel als Gruppenverfahren durchgeführt. Neben dieser klassischen Variante gibt es eine Reihe von Entwicklungen, die je nach Einsatzziel zu einer Modifizierung des ursprünglichen Assessment-Centers führen. Insbesondere das Einzel-Assessment, das dynamische Assessment-Center und das Lernpotenzial-Assessment-Center weisen eine gewisse Verbreitung auf. Diese drei Ansätze sind unterschiedlich kombinierbar, werden aber zur Veranschaulichung getrennt dargestellt. Bei der ersten Variante wird die Anzahl von Probanden im Assessment-Center variiert, bei der zweiten der Aufbau der einzelnen Aufgaben und bei der letzten vor allem die Rolle der Beobachter. Abschließend werden Assessment-Center im interkulturellen Kontext und Assessment-Center in Kombination mit 360°-Feedback betrachtet.

Einzel-Assessment

Einzel-Assessments werden insbesondere im gehobenen Management häufig praktiziert. Diese Verfahren sind strukturell ähnlich wie gewöhnliche Assessment-Center aufgebaut mit dem zentralen Unterschied, dass nur ein Teilnehmer beobachtet und bewertet wird. In den situativen Aufgaben übernehmen geschulte Rollenspieler die Aufgaben der anderen Teilnehmer. Eingesetzt wird diese kostspielige Variante immer dann, wenn ein besonders

Kostspielige Variante

schutzwürdiges Interesse des Bewerbers vermutet wird. Wird beispielsweise der Posten eines Vorstands in einem engen Marktsegment ausgeschrieben, ist die Anzahl an Personen dieser Bewerbergruppe eingeschränkt. Die Vorstellung, seinen fünf Mitbewerbern in einem Assessment-Center zu begegnen und auf diese Art zu erfahren, wer sich beworben hat und wer nicht, stiftet mehr Schaden als Nutzen. Auch ist die Bereitschaft dieser Zielgruppe, sich solch einem Gruppenverfahren auszusetzen, gering ausgeprägt. Insofern bietet das Einzel-Assessment für dieses Segment eine sinnvolle Alternative zu den sonst üblichen (meist unstrukturierten) Einstellungsinterviews.

Mangelnde Vergleichbarkeit

Als Hauptnachteil ist die mangelnde Vergleichbarkeit der Leistungen zu nennen. Gibt es für das Assessment-Center ohnehin – im Vergleich zu anderen Testverfahren – keine Vergleichsnormen, liegen im Gruppenverfahren zumindest die Leistungen anderer Bewerber als Maß zur Orientierung zugrunde. Im Einzel-Assessment können Vergleichswerte lediglich über die Abfolge der jeweiligen Einzel-Assessment-Durchläufe gewonnen werden. Ansonsten bleibt nur die Möglichkeit, die Leistungen per se in ihrer Ausprägung zu bewerten. Einen vertiefenden Überblick über diese Thematik bieten Prien, Schippmann und Prien (2003), Kwaske (2004) sowie Sarges (2013). Ein Fallbeispiel zur Zielsetzung und dem Ablauf eines Einzel-Assessments wird in Kapitel 5.2 beschrieben.

Das dynamische Assessment-Center

Optimierung der Inhaltsvalidität und Akzeptanz

Das dynamische Assessment-Center versucht insbesondere, Aspekte der Inhaltsvalidität zu optimieren. In klassischen Assessment-Centern werden die zuvor konstruierten Aufgaben ohne inhaltlichen Bezug zueinander sukzessive den Teilnehmern dargeboten. Im dynamischen Assessment-Center wird versucht, das Abbild des Management-Alltags dahingehend zu optimieren, dass zum einen, wie auch in der Realität, ein Bezug der einzelnen Aufgaben zueinander besteht, d. h. die Aufgaben aufeinander aufbauen. Zum Zweiten wird versucht, den Teilnehmern Wahlmöglichkeiten zu geben. So können diese, teils abhängig vom Ergebnis der Aufgaben, aus einem Pool weiterer Aufgaben die Nächsten auswählen. Ein Beispiel aus einer mittelgroßen deutschen Volksbank für den Ablauf eines solchen dynamischen Assessment-Centers findet sich im nachfolgenden Kasten.

Vergleichbarkeit wird erschwert

Vorteile von dynamischen Assessment-Centern sollen eine höhere inhaltliche und damit auch Augenscheinvalidität, eine Akzeptanzerhöhung, eine Komplexitätssteigerung der Aufgaben sowie eine bessere Erfassung der Motivation der Probanden sein. Erfahrungsberichte attestieren diese Vorteile. Eine empirische Überprüfung mit positiven Resultaten steht noch aus (vgl. Trauernicht, 2001). Problematisch im Personalauswahlbereich ist insbesondere das ungleiche Testmaterial, welches durch die Wahlmöglichkeiten der Teilnehmer gegeben ist und die Vergleichbarkeit von Teilnehmerleistungen erschwert. Dennoch wird diese Vorgehensweise häufig gewählt, was wahrscheinlich auf

> **Beispiel für den Ablauf eines dynamischen Assessment-Centers**
> (aus Aldering, 2001, S. 146)
>
> Aus den 12 Seminarteilnehmern wurden 3 Gruppen zu je 4 Teilnehmern gebildet, und jede Gruppe hatte die Aufgabe, während des Seminars ihr Unternehmen über mehrere Geschäftsperioden zu führen, wobei sie im Wettbewerb mit den beiden anderen Gruppen stand. Außerdem sollte jeder Teilnehmer darüber hinaus ein individuelles Projekt initiieren, planen und letztendlich auch steuern. Neben dem Führen von Gruppendiskussionen war es die Aufgabe der Teilnehmer – wie in herkömmlichen Assessment-Centern auch – Mitarbeiter- und Kollegengespräche zu führen oder auch analytische Aufgaben zu lösen, wobei die Inhalte jedoch alle miteinander verknüpft waren.

Akzeptanzüberlegungen zurückzuführen ist. So geben über 50 % der befragten Unternehmen in der Studie von Krause und Thornton (2009) an, dass die einzelnen Übungen zumindest teilweise aufeinander Bezug nehmen.

Lernpotenzial-Assessment-Center

Der Begriff des Lernpotenzial-Assessment-Centers wurde von Sarges (1993) geprägt. Inhaltliches Kernstück dieser Variante ist das Feedback während des Assessment-Center-Prozesses. Der Fokus der Bewertung liegt auf der Umsetzung der permanenten Rückmeldung und den damit einhergehenden Lernfortschritten. Ergänzt wird das Setting durch eine stärkere Integration der Assessment-Center-Inhalte in das sonstige Organisationsgeschehen. Anders als in gewöhnlichen Assessment-Centern haben die Teilnehmer bereits im Vorfeld die Möglichkeit, sich auf die Aufgaben vorzubereiten. Sie bekommen Themenfelder genannt, auf die sie sich vorbereiten können. Entsprechend sind dann auch die Aufgaben positioniert. Der Einstieg für die Teilnehmer wird erleichtert. Nach jeder Aufgabe erhalten die Teilnehmer unmittelbar Rückmeldung über ihre Leistungen von den anderen Teilnehmern. Diese Rückmeldung wird durch unmittelbare Rückmeldegespräche der Beobachter jeweils ergänzt und angereichert. Intention ist die auf die Rückmeldeprozesse erfolgende Verhaltensveränderung zu beobachten, um so Rückschlüsse auf den individuellen Lernzuwachs zu erhalten. Gegen Ende des Assessment-Centers, nach einem zusammenfassenden Feedback, bekommen die Teilnehmer „Hausaufgaben" zur Integration der erlebten Stärken und Schwächen in den beruflichen Alltag. Ziel dieser Variante ist es: „das Führungs- und Entwicklungspotenzial der Kandidaten treffsicherer zu beurteilen als mit herkömmlichen Assessment-Centern, bei gleichzeitig höherer Akzeptanz der Betroffenen" (Sarges, 2001, S. 105). Diese vergleichsweise neue Variante führt laut ersten Erfahrungsberichten (Sarges,

Randnotiz: **Permanente Rückmeldung an die Teilnehmer**

2001; Stangel-Meseke, 2001) zu den gewünschten Ergebnissen. Der empirische Nachweis einer höheren postulierten prognostischen Validität steht allerdings noch aus (vgl. Stangel-Meseke, Akli & Schnelle, 2005).

Assessment-Center im interkulturellen Kontext

Kulturelle Unterschiede beachten

Dank der zunehmenden Globalisierung werden Assessment-Center heutzutage auch dazu eingesetzt, die Eignung von Personen für einen Auslandseinsatz und für internationale Einsatzfelder zu prüfen (siehe hierzu auch Kühlmann, 2004). Drei gängige Varianten von Assessment-Centern im interkulturellen Kontext sind Abbildung 15 zu entnehmen.

AC für Expatriates	Interkulturelles AC	Internationales AC
– Prüfung der Passung auf spezielle Zielkultur – Kulturelle Passung nur ein Aspekt neben der Familiensituation und fachlichen Eignung – Methode Einzel-Assessment	– Bestandteil von Potenzialanalysen – Auflösung „interkulturell" in Einzelaspekte notwendig – „Interkulturell" neben anderen überfachlichen Kriterien der Potenzialanalyse	– Englischsprachige ACs in internationalen – meist europäischen – Organisationen – Keine Beurteilung isolierter interkultureller Fähigkeiten

Abbildung 15:
Varianten von ACs im interkulturellen Kontext
(Obermann, 2009, S. 397)

Die interkulturellen Assessment-Center versuchen hierbei, interkulturelle Kompetenzen zu erfassen. Um zu klären, welche Verhaltensweisen und Einstellungen für interkulturelle Kompetenz wichtig sind, haben Kühlmann und Stahl (2006) mehr als 300 Fach- und Führungskräfte mit Auslandserfahrung befragt, welche Kompetenzen aus deren Sicht wichtig sind. Diese sieben Verhaltensdimensionen können nun in Assessment-Centern genutzt werden, um eine allgemeine interkulturelle Kompetenz zu erfassen.

Verhaltensdimensionen zur Erfassung interkultureller Kompetenz (Kühlmann & Stahl, 2006, S. 680–681)
Ambiguitätstoleranz
Die Neigung, sich in unsicheren, mehrdeutigen oder komplexen Situationen wohlzufühlen bzw. nicht beeinträchtigt zu fühlen.
Verhaltensflexibilität
Die Fähigkeit, sich schnell auf veränderte Bedingungen einzustellen und darin auf ein breites Verhaltensrepertoire zurückzugreifen.

Zielorientierung
Die Fähigkeit, auch unter erschwerten Bedingungen zielstrebig auf die Erreichung der gestellten Aufgaben hinzuarbeiten.
Kontaktfreudigkeit
Die Neigung, soziale Kontakte aktiv zu erschließen und bestehende Beziehungen aufrechtzuerhalten.
Einfühlungsvermögen
Die Fähigkeit, Bedürfnisse und Handlungsabsichten von Interaktionspartnern zu erkennen und situationsadäquat darauf zu reagieren.
Polyzentrismus
Vorurteilsfreiheit gegenüber anderen Meinungen, Einstellungen und Handlungsmustern, insbesondere fremdkultureller Prägung.
Metakommunikative Kompetenz
Die Fähigkeit, in schwierigen Gesprächssituationen steuernd einzugreifen und Kommunikationsstörungen zu beheben.

Hierzu werden verschiedene, separat konstruierte Assessment-Center-Aufgaben genutzt. Inwiefern diese empirisch ermittelten sieben Kernkompetenzen von Kühlmann und Stahl (2006) geeignet sind, interkulturelle Kompetenz tatsächlich vorherzusagen, bleibt bisher offen. Zudem gibt es eine Reihe weiterer Taxonomien für interkulturelle Kompetenz. Beispielhaft hierfür sind die Arbeiten von Bird, Mendenhall, Stevens und Oddou (2010) sowie die von

---

Interviewer:
Sie wurden von Ihrer Firma nach Japan entsandt, um ein Projekt in einem Joint Venture zu leiten. Nachdem die erste Phase abgeschlossen ist, haben sich vier Führungskräfte der japanischen Partnerfirma angesagt, um sich über den Fortgang des Projekts zu informieren. Obwohl Sie sich besonders sorgfältig vorbereitet haben, haben Sie bei der Präsentation den Eindruck, dass Ihnen die Japaner nicht mit voller Aufmerksamkeit zuhören. Mitten in Ihrer Präsentation bemerken Sie, dass einer der japanischen Manager eingenickt ist. Wie reagieren Sie?

Beispiele für positive und negative Verhaltensweisen:
+ Bezieht Zuhörer aktiv mit ein   − Bricht Präsentation ab
+ Schlägt kurze Erholungspausen vor   − Droht mit Konsequenzen für das Projekt
+ Reagiert mit stillem Galgenhumor   − Macht sarkastische Bemerkungen
+ Ignoriert den eingenickten Japaner   − Provoziert einen offenen Konflikt

---

Abbildung 16:
Beispiel für eine situative Frage aus dem strukturierten Auswahlinterview für einen Einsatz in Japan (Kühlmann & Stahl, 2006, S. 681).

Lievens, Harris, van Keer und Bisqueret (2003) und die von Volmer und Staufenbiel (2006). Lievens et al. (2003) sowie Volmer und Staufenbiel (2006) konnten für Assessment-Center-Aufgaben und Interviews Kriteriumsvalidität in interkulturellen Settings nachweisen. Zusätzlich können Interviewfragen genutzt werden, um spezifische kulturelle Kompetenzen abzuprüfen. Ein Beispiel hierfür ist Abbildung 16 zu entnehmen.

Assessment-Center in Kombination mit 360°-Feedback

Assessment-Center und 360°-Feedback

Assessment-Center-Daten werden zunehmend auch in Kombination mit anderen Datenquellen, wie 360°-Feedback, für Potenzialanalysen genutzt. Hintergrund dieser Überlegungen ist, dass Assessment-Center-Daten Momentaufnahmen sind, die durch zusätzliche Datenquellen ergänzt werden können. Dabei bieten sich neben Testwerten und Interviewdaten insbesondere Verhaltenseinschätzungen an, wie sie im Rahmen von 360°-Feedbacks entstehen (vgl. Abbildung 17).

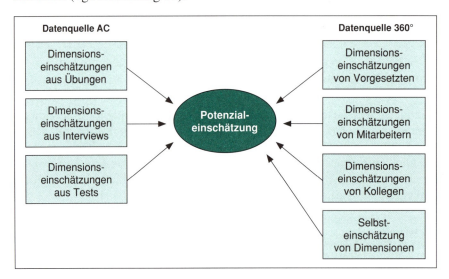

Abbildung 17:
Kombination von AC und 360°-Feedback

Einen Überblick über die Verwendung dieser kombinierten Datenquellen bieten Hoffman und Woehr (2009) sowie Wirz, Melchers, Kleinmann et al. (2012). In diesen Artikeln zeigen die Autoren auch auf, dass die Übereinstimmung zwischen Assessment-Center- Einschätzungen auf Dimensionen und den korrespondierenden Dimensionen im 360°-Feedback begrenzt ist. Insofern liegt auch hier für die Dimensionseinschätzungen nur begrenzte Konstruktvalidität vor. Diese unterschiedliche Sicht der Einschätzungen mag auch darauf beruhen, dass sich Teilnehmer in unterschiedlichen Situationen unterschiedlich verhalten und dementsprechend auch unterschiedlich bewertet werden (ausführlich dazu: Scherm, 2013).

Weitere Variationen der Assessment-Center-Methode wie Multi-Media-Assessment, In-Vivo-Assessment oder Self-Assessment seien hier nur der Vollständigkeit wegen erwähnt, ihr Einsatz ist bisher eher rudimentär verbreitet. Bei Multi-Media-Assessments besteht eine Problematik darin, dass häufig Antworten lediglich ausgewählt werden können. Darüber hinaus ist bei Online-Assessments unklar, wer die Daten eingegeben hat und wie die Speicherung und Weiterverwendung der Daten geregelt ist. Solche Online-Assessment-Center berühren eine Reihe von rechtlichen und ethischen Fragen (vgl. Obermann, 2009). Einen Überblick zu dieser Thematik bieten Konradt und Sarges (2003).

4.5 Probleme bei der Durchführung

Die Implementierung und Durchführung von Assessment-Centern ist nicht einfach. Insbesondere auf drei potenzielle Problemfelder sollte geachtet werden, um sicher zu sein, dass nach einer Entscheidung für die Einführung eines Assessment-Centers dieses auch ein Erfolg wird:
- Einbeziehen bisheriger Entscheidungsträger
- Öffentliche Rollenzuweisung der Teilnehmer (Verlierer, High Potentials)
- Kompatibilität zu weiteren personalpolitischen Instrumenten.

Alle drei Themen müssen beachtet werden. Wenn dies bereits bei einem Feld vernachlässigt wird, ist das Assessment-Center gefährdet.

Bisherige Personalauswahlentscheidungen wie auch Personalentwicklungsentscheidungen in einer Organisation werden von den damit beauftragten Personen bzw. Personengruppen getroffen. Bei der Einführung eines Assessment-Centers werden derartige Entscheidungen häufig als Ergebnis des Verfahrens getroffen bzw. als wesentlicher Bestandteil der Entscheidung betrachtet. Insofern findet eine Verschiebung der Entscheidungsmacht von den bisherigen Statusgruppen auf das Beobachtergremium statt. Dies ist sowohl bei der Durchführung als auch bei der Einführung des Assessment-Centers zu berücksichtigen. Bereits in der Positionierungsphase sollten frühzeitig Vertreter der entsprechenden Statusgruppen einbezogen sein. Diese sollten die Entwicklung gemeinsam gestalten unter Berücksichtigung der Interessen der verschiedenen Statusgruppen (Personal, Betriebsrat, Management). In den verschiedenen Phasen Positionierung, Konstruktion, Ablauf, Nachbereitung müssen jeweils die Aufgaben und Rollen der beteiligten Statusgruppen definiert werden. So ist es keineswegs trivial, welche Zielgruppe gewählt wird, wer sich die Aufgaben „ausdenkt", wie die Beobachtergruppe zusammengesetzt ist und wer die anschließende Personalentwicklung steuert. Ein Orientierungs-Assessment-Center für gestandene Führungskräfte, bei dem die Assessment-Center-Aufgaben ausschließlich durch die Perso-

„Entscheider" bei der Konzeption und Durchführung von Assessment-Centern einbeziehen

nalabteilung entwickelt werden, die Beobachterzusammensetzung ohne Betriebsrat gebildet wird und eine anschließende Personalentwicklung den Betroffenen in vollkommener Eigenverantwortung überlassen wird, ist eine Katastrophe, in der Praxis aber sicher in der einen oder anderen Organisation leicht modifiziert zu finden.

Personalentscheidungen in Organisationen werden traditionell meist ohne Öffentlichkeit getroffen. Sie fallen in Gesprächen mit und ohne Anwesenheit der Betroffenen. Die Betroffenen werden über Beförderungen und positive Karriereentscheidungen informiert. Falls keine Beförderung ansteht, besteht auch kein Informationsbedarf. Dies ist anders im Assessment-Center. Das Assessment-Center stellt Öffentlichkeit her, brandmarkt öffentlich Personen als „Verlierer" oder „High Potentials". Diese Öffentlichkeit hat Konsequenzen. „Verlierer", bisher meist motivierte Mitarbeiter, werden demotiviert, äußern sich abfällig über die Güte des Verfahrens im Haus und/ oder verlassen das Unternehmen, wenn sie den Gesichtsverlust nicht ertragen können. „High Potentials" entwickeln eine Anspruchshaltung, tragen die Nase etwas höher und haben das Gefühl, ihnen gehöre die Welt. Solchen Fehlentwicklungen kann und muss auf zweierlei Weise begegnet werden. Zum einen sollte – wie bereits erwähnt – die Vorauswahl so gestaltet sein, dass eine möglichst leistungsmäßig homogene Gruppe an dem Assessment-Center teilnimmt. Ein Assessment-Center ist das falsche Instrument, Vorgesetzte zu entlasten, die es vermeiden, ihren Mitarbeitern negative Rückmeldung zu geben und sie daher in das Assessment-Center schicken. Zum Zweiten kann die Positionierung des Assessment-Centers so gewählt werden, dass langjährige Karriereentscheidungen nicht ausschließlich von einem zweitägigen Verfahren abhängig gemacht werden. Es empfiehlt sich bei der Implementierung eines Assessment-Centers in eine Organisation nicht, mit einem internen Personalauswahl-Assessment-Center zu starten. Ein Personalauswahl-Assessment-Center für externe Bewerber oder ein Personalentwicklungs-Assessment-Center für Interne, bei dem dann alle, allerdings unterschiedlich, gefördert werden, ist sicherlich ein empfehlenswerter Weg, um Akzeptanz zu bekommen.

Assessment-Center sollten zur Organisationskultur passen und mit anderen diagnostischen Verfahren abgestimmt werden

Assessment-Center sind personalpolitische Instrumente, die zur Kultur einer Organisation passen müssen und mit anderen Instrumenten verzahnt sein sollten. Existiert in einem Haus kein Leistungsbeurteilungssystem, gibt es keine gesteuerte Personalentwicklung oder fehlt die Bereitschaft, in Mitarbeiter zu investieren, dann wird ein Assessment-Center sicherlich nur eine kurze Lebensdauer haben. Assessment-Center müssen zu anderen personalpolitischen Instrumenten abgestimmt sein. Aus Sicht der Teilnehmer und des Managements muss ihre Bedeutung angemessen sein, vorher gestartete Maßnahmen und anschließende flankierende Maßnahmen müssen sorgfältig geplant und mit entsprechenden Ressourcen durchgeführt werden. Diese Transparenz und konzeptionelle Einheit sollte gegeben sein, um das Verfahren erfolgreich werden zu lassen.

5 Fallbeispiele aus der Unternehmens- und Beratungspraxis

Im Folgenden werden zwei Fallbeispiele vorgestellt sowie zwei Gruppenübungen beschrieben. Das erste Fallbeispiel zeigt exemplarisch den Prozess der Implementierung und Positionierung von Assessment-Center-Verfahren für Nachwuchskräfte auf. Im zweiten Fallbeispiel wird ein Einzel-Assessment vorgestellt, welches neben klassischen Assessment-Center-Aufgaben ein Interview sowie Testverfahren enthält. Hierbei wird insbesondere der Ablauf ausführlicher dargestellt sowie die verfolgten Ziele näher ausgeführt. Bei den Übungen werden zwei Gruppenaufgaben vorgestellt, die besonders geeignet sind, die zentrale Dimension „Probleme lösen" (vgl. Arthur et al., 2003; sowie Becker et al., 2011) neben weiteren Dimensionen in sozialen Interaktionssituationen zu erfassen.

Das folgende Beispiel orientiert sich an dem in Kapitel 4.1 dargestellten Ablaufschema. Weitergehende Details sind bei Kempf und Schäfer (2000) nachzulesen. Bei dem Unternehmen handelt es sich um ein mittelständisches Finanzdienstleistungsunternehmen mit 800 Mitarbeitern.

5.1 Fallbeispiel: Implementierung und Positionierung eines Assessment-Centers

Zweck und Zielgruppe

Der Finanzdienstleister hatte im Laufe der letzten Jahre zunehmend Wert darauf gelegt, bei der Besetzung von Führungs- und Kundenbetreuungspositionen auf soziale Kompetenzen der Bewerber zu achten. Dies führte dazu, dass etliche Führungspositionen nicht mit internen fachlich hervorragend geeigneten Mitarbeitern besetzt wurden, mangels sozialer Kompetenz. Externen Bewerbern stets den Vorrang zu geben, schied aus, da dies mittelfristig die Mitarbeiter demotiviert hätte. Auch wäre die Mitarbeitervertretung, der Personalrat, hierzu kaum zu gewinnen gewesen. Die Personalvertretung erhielt dementsprechend vom Vorstand den Auftrag, ein mittelfristiges Personalentwicklungskonzept für Nachwuchskräfte zu erarbeiten. Dieses Personalentwicklungskonzept sollte helfen, Stärken und Schwächen der Mitarbeiter zu diagnostizieren und zielgerichtet zu entwickeln. Die Personalvertretung entschied sich, ein solches Konzept unter Einbeziehung eines Assessment-Centers zu starten.

Zielausrichtung klären

Teilnehmen an dem Assessment-Center (Personalentwicklungs- und Beratungsseminar, PEB) können Nachwuchskräfte, die neben einem definierten formellen Mindestabschlussgrad 20 bis 35 Jahre alt sind. Neben den unmittelbaren Vorgesetzten können auch Personalabteilung und Personalrat Teil-

Transparente Teilnahmevoraussetzungen erhöhen die Akzeptanz im Hause

nehmer benennen, falls deren Einverständnis vorliegt. Vor der Teilnahme am PEB steht die schriftliche Potenzialeinschätzung des Vorgesetzten. Diese Potenzialeinschätzung bezieht sich auf die Arbeitsleistung, persönliches Verhalten sowie Stärken und Defizite. Die letztendliche Entscheidung über die Teilnahme einzelner Personen vollzieht die Personalabteilung in Abstimmung mit dem Personalrat. Personen, die an einer PEB-Gruppe (12 Personen) teilnehmen, können damit rechnen, an einem Personalentwicklungsprogramm, bei dem sie eine ausführliche Rückmeldung erhalten, sowie an mehreren Personalentwicklungsmaßnahmen im Laufe der nächsten 3 Jahre teilzunehmen. Ebenso ist klar definiert, dass das Programm zwar soziale Kompetenz stärken soll, eine Bevorzugung oder Garantie für weitere Stellenbesetzungen es jedoch explizit nicht geben wird. Stellenbesetzungen werden weiterhin von den Fachabteilungen vorgenommen. Entscheidend ist die Gesamtqualifikation des Bewerbers.

Projektgruppe und Implementierung

Zur Entwicklung des Personalentwicklungsprogramms und des PEBs wurde eine Projektgruppe gebildet. Ihr gehörten der Personalleiter, der Personalentwicklungsleiter, Fachvorgesetzte, Personalratsvorsitzender sowie ein externer Berater an. Aufgabe dieser Projektgruppe war die Entwicklung, Positionierung und Konstruktion des Assessment-Centers. Die Implementierung wurde durch die Projektgruppe gesteuert. Hierzu wurde unter anderem eine Broschüre entwickelt und im Haus verteilt, die die Positionierung des Assessment-Centers erläuterte und von Vorstand und Personalrat unterschrieben wurde. Zusätzlich gab es Informationsveranstaltungen für Vorgesetzte und Mitarbeiter. Weiterhin wurden die ersten beiden PEB-Seminare als Pilotveranstaltung deklariert. An diesen Veranstaltungen nahmen auf Beobachterseite unter anderem jeweils ein Vorstandsmitglied und ein Personalratsmitglied teil. Nach geringfügigen Modifizierungen ist PEB nunmehr seit 10 Jahren fester Bestandteil der Personalpolitik. Die Nachfrage zur Teilnahme überschreitet das Angebot an Plätzen, was für eine gelungene Implementierung spricht.

Dem Implementierungsprozess genügend Aufmerksamkeit schenken

Tätigkeitsanalyse, Aufgabenkonstruktion, Skalenkonstruktion

Mithilfe der Critical Incident Technique (Flanagan, 1954), weiterer Fachvorgesetzter und Stelleninhaber führte der externe Berater Tätigkeitsanalysen durch, aus deren Ergebnissen dann die Anforderungsdimensionen gewonnen wurden sowie die Aufgabenkonstruktion erfolgte. Die Ergebnisse wurden mit der Projektgruppe mehrmals rückgekoppelt. Für die sieben Anforderungsdimensionen wurden jeweils BARS (siehe Kapitel 4.1) entwickelt. Das PEB besteht aus sieben Aufgaben mit insgesamt sieben Anforderungsdimensio-

Gründliche logistische Vorarbeiten sichern den Erfolg der Maßnahme

nen. In jeder Aufgabe werden maximal drei Anforderungsdimensionen beobachtet und bewertet. Jede Dimension wird mindestens in zwei Aufgaben beurteilt. An jeder PEB-Maßnahme nehmen acht Beobachter (Personalabteilung, Fachabteilungen, Personalrat, externer Berater, evtl. Vorstand) und 12 Teilnehmer teil. Das PEB-Seminar wird in zwei Teilgruppen parallel in verschiedenen Räumlichkeiten durchgeführt. In jeder Teilgruppe sind vier Beobachter und sechs Teilnehmer pro Aufgabe. Die Teilnehmerzusammensetzung in den einzelnen Aufgaben wird variiert, sodass jeder Beobachter jeden Teilnehmer in drei bis vier Aufgaben beobachten kann.

Logistik

Der Vorauswahlprozess wird durch die Personalabteilung gesteuert. Das PEB-Seminar selbst wird in externen Räumlichkeiten durchgeführt, um Störungen zu minimieren. Unterlagen müssen für Teilnehmer und Beobachter erstellt und den Beobachtern vor dem Beobachtertraining zugesandt werden. Die Übertragung der Einzelergebnisse während des Assessment-Centers in eine Auswertungsmatrix muss ebenfalls sichergestellt werden, um Verzögerungen bei der Beobachterkonferenz zu vermeiden.

Beobachtertraining, Einführung der Teilnehmer, Durchführung, Beobachterkonferenz

Das eigentliche Assessment-Center umfasst 1 ½ Tage (Dienstag bis Mittwochmittag). Vorgeschaltet wird ein eintägiges Beobachtertraining für die meist erfahrenen Beobachter (Montag). Die Beobachterkonferenz für die Beurteilung der 12 Teilnehmer findet jeweils von Mittwochmittag bis kurz vor Mitternacht des gleichen Tages statt. Die Einführung der Teilnehmer findet in zwei Stufen statt. Am Freitagnachmittag vor dem Assessment-Center werden die Teilnehmer eingeladen und detailliert über den Ablauf des Assessment-Centers informiert. Darüber hinaus erhalten sie dort Unterlagen über die Anforderungsdimensionen, welche bewertet werden. In dieser ca. zweistündigen Veranstaltung werden auch alle Fragen der Teilnehmer beantwortet. Dienstag früh, wenn sich Teilnehmer und Beobachter gemeinsam das erste Mal begegnen, findet zudem, nach ein paar einleitenden Worten des Personalleiters, eine persönlich gehaltene Vorstellungsrunde aller anwesenden Personen statt, um ein erstes Vertrautwerden miteinander zu erleichtern.

Feedback, Fördergespräch, PE-Maßnahmen

Donnerstag und Freitag, unmittelbar nach der Beobachterkonferenz, finden die 12 Rückmelde- und Bewertungsgespräche statt. Sie dauern in der Regel 1 ½ Stunden und werden von dem Personalentwicklungsleiter gemeinsam mit dem externen Berater durchgeführt. Hierbei wird neben der Vermittlung der Beobachterergebnisse insbesondere geprüft, ob das Selbstbild mit dem Fremdbild stark überlappend ist. Weiterhin wird die Motivation, Verhalten zu verändern, erfragt. Ein bis zwei Wochen später findet ein Fördergespräch zwischen Teilnehmer, Personalentwicklungsleiter und Fachvorgesetztem statt. In diesem werden die wesentlichen Ergebnisse der Rückmeldung zusammengefasst und Maßnahmen on und off the job vereinbart. Auch wird besprochen, wer für die Durchführung und die Ergebnisse dieser Maßnahmen verantwortlich ist. Weitere Fördergespräche finden im jährlichen Abstand statt, um die Maßnahmen zu begleiten und die Richtung eventuell zu modifizieren bzw. zu ergänzen.

Ergänzung durch individuelle Maßnahmen

Die Personalentwicklungsmaßnahmen sind in ein dreijähriges Personalentwicklungsprogramm eingebettet, welches identische Maßnahmen für alle Teilnehmer umfasst (z. B. Soziales Kompetenztraining) sowie von individuellen Maßnahmen (z. B. Coaching) flankiert wird. Die gesamte PEB-Maßnahme wird nach drei Jahren durch die Teilnehmer selbst evaluiert. Hierzu findet ein zweites Assessment-Center statt, welches zwei Tage dauert und mit einem umfangreichen eintägigen Feedback abgeschlossen wird. Im Gegensatz zum ersten Assessment-Center nehmen an diesem Seminar nur drei der acht Beobachter teil (Personalabteilung, Personalrat, externer Berater). Die anderen Beobachter rekrutieren sich aus den 12 Teilnehmern. Die Beobachtungsaufgaben sollen von den Teilnehmern bewältigt werden, da diese durch die erfolgten Maßnahmen geschult wurden und auch in evtl. zukünftigen Positionen derartige Aufgaben im Alltag zu bewältigen haben. Jeweils sechs der Teilnehmer bearbeiten Aufgaben. Die anderen beobachten und geben unmittelbar, zusammen mit den ehemaligen Beobachtern, Feedback. Vor der folgenden Aufgabe wechseln die Teilnehmer und die beobachtenden Teilnehmer ihre Rollen. Nach zwei Tagen unterschiedlichster Aufgaben hat jeder Teilnehmer ein umfassendes Feedback aus der Gruppe erhalten. Der dritte Tag dient dazu, die Verhaltensveränderungen der vergangenen drei Jahre festzustellen. Hierzu geben sich die Teilnehmer gegenseitig Rückmeldung über die erlebten Veränderungen unter Ausschluss der ehemaligen Beobachter. Diese führen dann anschließend Einzelrückmeldegespräche mit den Teilnehmern, um die Veränderungen der letzten Jahre aus Sicht der Beobachter zu dokumentieren. Abgeschlossen wird das Seminar mit einer Rückmeldung der Teilnehmer an die ehemaligen Beobachter mit dem Fokus auf die gesamte PEB-Maßnahme und Änderungswünsche der Teilnehmer. Neben dieser qualitativ-quantitativen Evaluation erfolgt zusätzlich eine externe Evaluation, welche von einer Universität begleitet wird.

Regelmäßige Evaluation ist ratsam

Das Beispiel zeigt Folgendes klar auf: Das Assessment-Center selbst macht nur einen Bruchteil der gesamten Gestaltungsaktivitäten aus. Es sollte und muss in eine Reihe flankierender Maßnahmen eingebettet sein. Kempf und

Schäfer (2000) berichten in ihrem Beitrag auch über einen früheren Versuch des Finanzdienstleisters, Assessment-Center einzuführen, der jedoch scheiterte. Mit verantwortlich hierfür dürften die ungünstige Positionierung des Assessment-Centers in Form eines internen Personalauswahlverfahrens sowie ungenügende flankierende Maßnahmen gewesen sein. Wird ein Assessment-Center jedoch sinnvoll positioniert und eingebettet, kann es neben den zentralen Zielen auch eine Reihe weiterer nutzenstiftender Ergebnisse erzielen. So resümieren Kempf und Schäfer (2000, S. 236): „Das Personalentwicklungs-Assessment-Center sowie die Gesamtmaßnahme PEB haben die [Name der Organisation] verändert. Der Grad der Offenheit in der Kommunikation über gewünschtes und nicht gewünschtes Verhalten hat sich deutlich erhöht ... Die Entwicklung dieser Potenziale hat dazu beigetragen, dass die Besetzung von offenen Positionen im Hause [Name der Organisation] sowohl in Führung als auch im Verkauf überwiegend intern geleistet werden kann ... Weiterhin können wir feststellen, dass die Fluktuationsrate bei Potenzialträgern deutlich rückläufig gewesen ist. Mithin sehen wir die Maßnahme PEB heute als vollen Erfolg an."

5.2 Fallbeispiel: Zielsetzung und Ablauf eines Einzel-Assessments

Die Personalabteilung eines mittelständischen Unternehmens, welches Betriebssteuerungssoftware entwickelt und verkauft, beabsichtigte für etablierte Mitarbeiter, für die aufgrund bisheriger Vorgesetztenbeurteilungen Potenzial für weiterführende Aufgaben vermutet werden könnte, Einzel-Assessments durchzuführen. Folgende Ziele wurden verfolgt:
− Den Mitarbeitern sollten Perspektiven im eigenen Unternehmen aufgezeigt werden, um die in dieser Branche sehr hohe Fluktuation zu begrenzen. *Aufzeigen von Perspektiven*
− Für die Mitarbeiter sollten individuelle Personalentwicklungspläne aufgestellt werden, die auf deren Bedürfnisse und Fähigkeit sowie die Organisationserfordernisse abgestimmt wurden.
− Es sollte keine Verlierer geben.
− Die Organisation sollte zusätzliche Sicherheit haben, bei künftigen Stellenbesetzungen eine hohe Erfolgswahrscheinlichkeit der richtigen Auswahl zu erhalten.

Aufgrund dieser Überlegungen wurde entschieden, Einzel-Assessments durchzuführen, um die Verliererproblematik zu reduzieren und die Exklusivität des Angebots sicherzustellen. Eine Anforderungsanalyse ergab, dass die breiten Dimensionen Soziale Kompetenz, Führungskompetenz, Kommunikation, Unternehmerische Kompetenz, Persönliche Kompetenz und

Operative Kompetenz als bedeutsam erachtet wurden. Zusätzlich sollten noch kognitive Aspekte mit erfasst werden.

Kombination verschiedener Instrumente

Zur Erfassung mancher dieser Kompetenzen wurde im Vorfeld der Persönlichkeitstest BIP (Hossiep & Paschen, 2003) von den Probanden absolviert (zur Definition der mit dem BIP erfassten Konstrukte siehe Tabelle 6 in Kapitel 3.3.8). Zusätzlich gaben Vorgesetzte der Teilnehmer eine Fremdeinschätzung ab. Das Verfahren wurde genutzt, um zu prüfen, wie das Profil auf den verschiedenen Persönlichkeitsfacetten ausgeprägt ist. Weiterhin sollte geprüft werden, ob größere Abweichungen zwischen Selbst- und Fremdeinschätzungen vorliegen. Die Auswertungen des BIPs lagen zu Beginn des Assessment-Centers bereits vor. Die Beobachter versuchten, sich ebenfalls einen Eindruck über die Ausprägung relevanter Persönlichkeitsmerkmale im Laufe des Tages zu machen. Die Art und die Ausprägung der Abweichungen des Selbstbildes von den Vorgesetzteneinschätzungen und den Beobachtereindrücken wurde erfasst, um zu prüfen, wie realistisch die Selbsteinschätzung ausfällt.

Aus Kostengründen sowie aufgrund logistischer Überlegungen wurden die Einzel-Assessments für zwei Personen unabhängig voneinander am gleichen Tag mit den trainierten Beobachtern durchgeführt. Die beiden Personen begegneten sich in den Beurteilungssituationen nicht. Als Beobachter fungierten der Personalleiter, ein Vorstand und ein externer Berater sowie zwei weitere Personen. Eine dieser Personen war mit der Administration weiterer Testverfahren betraut, die zweite Person war ein trainierter Rollenspieler. Die Pausen zwischen den situativen Übungen und dem halbstrukturierten Interview dienten dazu, verschiedene kognitive Fähigkeitstests durchzuführen und einen Postkorb zu bearbeiten. Diese Verfahren wurden dann parallel von der mit der Administration betrauten Person ausgewertet, sodass alle Ergebnisse für die Beobachterkonferenz bereits vorlagen.

Tagesablauf für ein Einzel-Assessment mit zwei Personen

Die beiden Rollenspiele sollten typische Situationen des Berufsalltags abbilden, nämlich ein schwieriges Mitarbeitergespräch sowie ein Verkaufsgespräch. Nach dem ersten Rollenspiel wurde eine kurze Rückmeldung zu den Verhaltensleistungen gegeben und ein Lernauftrag für das zweite Rollenspiel formuliert. Das zweite Rollenspiel wurde dann entsprechend den Verhaltensleistungen und Verhaltensdefiziten bewertet. Zusätzlich wurde bewertet, inwiefern es den Teilnehmern gelang, den Lernauftrag umzusetzen. Das halbstrukturierte Interview beinhaltete sowohl biografische Fragen als auch situative Fragen. Es wurde vom externen Berater geführt. Gegen Ende des Interviews hatten der Personalleiter oder der Vorstand noch die Gelegenheit nachzufragen, falls sie weiteren Klärungsbedarf hatten. Abbildung 18 zeigt den Tagesablauf für solch ein Einzel-Assessment mit zwei Personen auf.

Vor dem Einzel-Assessment
– Ausfüllen des Persönlichkeitsinventars BIP durch Teilnehmer und Vorgesetzte – Auswertung des Verfahrens durch Testleiter

Während des Assessment-Centers (Raum 1)	
9.00– 9.05	Begrüßung „Warum sind Sie hier?", Verfahren und „Potenzial" erklären
9.05– 9.20	1. Interview: Lebenslauf,
9.20– 9.40	Soziale Kompetenz,
9.40–10.15	Führungskompetenz,
10.15–10.20	Nachfragen der Beobachter
10.20–10.35	Zwischenauswertung: Sammlung von Belegen Soziale Kompetenz/Führungskompetenz/Kommunikation plus Bewertung auf der Potenzialskala
10.35–10.45	**Pause**
10.45–10.50	Begrüßung „Warum sind Sie hier?", Verfahren und „Potenzial" erklären
10.50–11.05	1. Interview: Lebenslauf,
11.05–11.25	Soziale Kompetenz,
11.25–12.00	Führungskompetenz,
12.00–12.05	Nachfragen der Beobachter
12.05–12.20	Zwischenauswertung: Sammlung von Belegen Soziale Kompetenz/Führungskompetenz/Kommunikation plus Bewertung auf der Potenzialskala
12.20–12.30	**Pause**
12.30–12.45	Mitarbeitergespräch Teilnehmer 1/Rollenspieler
12.45–12.55	Zwischenauswertung: Sammlung von Belegen Soziale Kompetenz/Führungskompetenz/Kommunikation plus Bewertung auf der Potenzialskala plus Vorbereitung Feedback
12.55–13.00	Feedback: Zuerst Selbsteinschätzung, dann Feedback; Auftrag, Anregungen im nächsten Gespräch umzusetzen
13.00–13.15	Mitarbeitergespräch Teilnehmer 2/Rollenspieler
13.15–13.25	Zwischenauswertung: Sammlung von Belegen Soziale Kompetenz/Führungskompetenz/Kommunikation plus Bewertung auf der Potenzialskala plus Vorbereitung Feedback
13.25–13.30	Feedback: Zuerst Selbsteinschätzung, dann Feedback; Auftrag, Anregungen im nächsten Gespräch umzusetzen
13.30–14.20	**Mittagspause**
14.20–14.35	Kundengespräch Teilnehmer 1/Rollenspieler
14.35–14.45	Zwischenauswertung: Sammlung von Belegen Soziale Kompetenz/Unternehmerische Kompetenz/Persönliche Kompetenz/Kommunikation plus Bewertung auf Potenzialskala (bei Persönlicher Kompetenz ist insbesondere Lerntransfer zu werten)
14.45–15.00	Kundengespräch Teilnehmer 2/Rollenspieler
15.00–15.10	Zwischenauswertung: Sammlung von Belegen Soziale Kompetenz/Unternehmerische Kompetenz/Persönliche Kompetenz/Kommunikation plus Bewertung auf Potenzialskala (bei Persönlicher Kompetenz ist insbesondere Lerntransfer zu werten)
15.10–15.20	**Pause**

Abbildung 18:
Ablauf eines Einzel-Assessments für zwei Personen (*Teilnehmer 1*, Teilnehmer 2)

15.20–15.35	2. Interview: Persönliche Kompetenz,
15.35–15.50	Operative Kompetenz,
15.50–16.05	Unternehmerische Kompetenz (Vorstände fragen)
16.05–16.20	Zwischenauswertung: Sammlung von Belegen Persönliche Kompetenz/ Operative Kompetenz/Management Kompetenz plus Bewertung auf der Potenzialskala
16.20–16.35	Integrative Auswertung **plus evtl. kleine Pause**
16.35–16.50	2. Interview: Persönliche Kompetenz,
16.50–17.05	Operative Kompetenz,
17.05–17.20	Unternehmerische Kompetenz (Vorstände fragen)
17.20–17.35	Zwischenauswertung: Sammlung von Belegen Persönliche Kompetenz/ Operative Kompetenz/Management Kompetenz plus Bewertung auf der Potenzialskala
17.35–17.50	Integrative Auswertung **plus evtl. kleine Pause**
17.50–18.10	**Beobachterkonferenz, restliche Auswertungen plus Vorbereitung auf Feedback**
18.10–18.30	Feedback Teilnehmer 1
18.30–18.40	Puffer **(evtl. Pause)**
18.40–19.00	Feedback Teilnehmer 2
Während des Assessment-Centers (Raum 2)	
– Durchführen von diversen Leistungstests für beide Teilnehmer – Ausfüllen eines Postkorb-Verfahrens für beide Teilnehmer – Auswerten der Testverfahren und des Postkorbs	
Nach dem Assessment-Center	
– Fertigen und Abstimmen des Gutachtens – Beratungs- und Entwicklungsgespräch – Folgemaßnahmen	

Abbildung 18 (Fortsetzung):
Ablauf eines Einzel-Assessments für zwei Personen (*Teilnehmer 1,* Teilnehmer 2)

Nach dem mündlichen Feedback wurde vom externen Berater ein ausführliches Gutachten gefertigt, welches dann inhaltlich noch mit dem Personalleiter und dem Vorstand abgestimmt wurde. Zwei Wochen später wurde ein Gespräch zwischen Teilnehmer, Vorgesetztem und Personalleiter vereinbart, um die Ergebnisse anhand des zwischenzeitlich vorliegenden Gutachtens nochmals ausführlich zu besprechen und um Folgemaßnahmen zu vereinbaren.

5.3 Gruppendiskussion: Gemeinsames Lösen einer Aufgabe

Bei der folgenden Aufgabe handelt es sich um eine sogenannte „hidden profile"-Aufgabe, welche in einem Gruppen-Assessment-Center eingesetzt werden kann. Die Teilnehmer bekommen eine gemeinsame Aufgabe, die sie nach einer individuellen Vorbereitungszeit gemeinsam lösen sollen. Dabei haben die Teilnehmer einerseits eine gemeinsame Aufgabenstellung und auch gemeinsames Wissen. Andererseits haben die Teilnehmer aber auch individuelles Wissen, welches nur ihnen vorliegt. Dieses Wissen kann aber genauso wie das allgemeine Wissen relevant sein, um die richtige Lösung zu erarbeiten. Da die Aufgabe eine eindeutige Lösung hat, wird den Teilnehmern zurückgemeldet, falls die erarbeitete Gruppenlösung falsch sein sollte, dass die Lösung nicht richtig ist. Zusätzlich wird die Gruppe aufgefordert, in einem weiteren Anlauf die richtige Lösung zu finden. Der zeitliche Bedarf für die nachfolgende Aufgabe ist ca. 30 Minuten zuzüglich 15 Minuten individueller Vorbereitungszeit. Das Beispiel stammt aus der Schweiz, kann jedoch problemlos für deutsche und österreichische Verhältnisse adaptiert werden. Die Teilnehmer sollen sich in dieser Übung in die Rolle eines Vorstandsmitglieds der Zürcher Kreditbank hineinversetzen. Gemeinsam mit den anderen Gruppenmitgliedern soll eine Kandidatin oder ein Kandidat für den Posten des Geschäftsbereichsleiters „Internationales Wertpapiermanagement" in der Londoner Niederlassung ausgewählt werden.

Beobachter- und Teilnehmerunterlagen für eine „hidden profile"-Aufgabe

---

Beobachterunterlagen
Gruppendiskussion „Vorstand"
– Teilnehmerinstruktionen und Lebensläufe der Kandidaten –

Instruktion für die Vorstandsmitglieder

Sie sind Mitglied des Vorstands der Zürcher Kreditbank, einer mittelgroßen Schweizerischen Universalbank mit Hauptsitz in Zürich. Ihre Bank besitzt Filialen in der Schweiz und Europa.

Es ist jetzt Ende 2011. Bereits im vorigen Jahr hat Ihre Bank einen Großteil ihres Investmentbankings in ihre Londoner Niederlassung ausgelagert. Zu Beginn dieses Jahres haben Sie im Vorstand beschlossen, das vor allem international sehr lukrative Geschäft mit Aktien-, Renten- und Geldmarktfonds stark auszubauen. Zu diesem Zweck soll in Ihrer Londoner Niederlassung ein neuer Geschäftsbereich „Internationales Wertpapiermanagement" gegründet werden, der für das komplette internationale (europaweite) Wertpapiergeschäft zuständig sein und u. a. den Handel mit Fonds betreiben wird. Der Posten des Geschäftsbereichsleiters, der den Rang eines stellvertretenden Direktors bekleiden wird, soll intern besetzt werden.

Aus den Mitarbeiterinnen und Mitarbeitern Ihrer Bank, die an diesem Posten Interesse gezeigt haben, wurden bereits 8 Personen vorausgewählt. Kurzbeschreibungen der Lebensläufe und der beruflichen Werdegänge aller 8 Kandidaten finden Sie anbei aufgelistet. Ihre Aufgabe wird es gleich sein, sich im Vorstand auf einen der 8 Kandidaten zu einigen. Sie können dazu in der Gruppe maximal 30 Minuten diskutieren, danach müssen Sie eine Entscheidung getroffen haben.

Teilnehmer/in 1

Bedenken Sie, dass der gewählte Kandidat/die gewählte Kandidatin die notwendigen persönlichen und beruflichen Qualifikationen mitbringen muss, um den verantwortungsvollen Posten eines Geschäftsbereichsleiters zu bekleiden. Bei einem zufälligen Treffen mit einem Mitglied des Verwaltungsrates haben Sie diskutiert, welche Kriterien Sie beide als außerordentlich wichtig erachten. Der Kandidat muss in der englischen Sprache verhandlungssicher sein. Ebenso ist erforderlich, dass der neue Bereichsleiter unbedingt über Führungserfahrung verfügt. Neben den Geschäftsbereichen, die zum Basisgeschäft gehören, ist die Zürcher Kreditbank auch in anderen Bereichen tätig, so z. B. Lebensversicherungen, Bausparen und Finanzderivate. Sie haben gehört, dass sich auch andere Mitglieder des Vorstandes zufällig mit Mitgliedern des Verwaltungsrates getroffen haben, wobei über mögliche Kriterien gesprochen wurde.

Teilnehmer/in 2

In Ihrer Bank werden über das Basisgeschäft hinausgehende Bereiche wie „Lebensversicherungen", „Bausparen" und „Finanzderivate" nur in der Zentrale und den Hauptfilialen abgewickelt. Zudem verfügt Ihre Bank über einige Auslandsniederlassungen. Bedenken Sie, dass der gewählte Kandidat/die gewählte Kandidatin die notwendigen persönlichen und beruflichen Qualifikationen mitbringen muss, den verantwortungsvollen Posten eines Geschäftsbereichsleiters zu bekleiden. Bei einem zufälligen Treffen mit einem Mitglied des Verwaltungsrates haben Sie diskutiert, welche Kriterien Sie beide als außerordentlich wichtig erachten. Der Kandidat muss in der englischen Sprache Verhandlungssicherheit aufweisen. Ebenso ist erforderlich, dass der neue Geschäftsbereichsleiter mit dem Wertpapiergeschäft vertraut ist (durch Promotion in diesem Gebiet oder praktische Erfahrung) und unbedingt über Führungserfahrung verfügt. Sie haben gehört, dass sich auch andere Mitglieder des Vorstandes zufällig mit Mitgliedern des Verwaltungsrates getroffen haben und über mögliche Kriterien gesprochen wurde.

Teilnehmer/in 3

Die Hauptfilialen Ihrer Bank sind in Bern, Basel, Genf, Luzern und Zug. Zudem verfügt die Bank über einige Auslandsniederlassungen. Bedenken Sie, dass der gewählte Kandidat/die gewählte Kandidatin die notwendigen persönlichen und beruflichen Qualifikationen mitbringen muss, den verantwortungsvollen Posten eines Geschäftsbereichsleiters zu bekleiden. Bei einem zufälligen Treffen mit einem Mitglied des Verwaltungsrates haben Sie diskutiert, welche Kriterien Sie beide als außerordentlich wichtig erachten. Der Kandidat muss in der englischen Sprache Verhandlungssicherheit aufweisen. Ebenso ist erforderlich, dass der Kandidat bereits seit mindestens fünf Jahren in der Zürcher Kreditbank beschäftigt ist und über Führungserfahrung verfügt. Des Weiteren muss die Person in verantwortlicher Tätigkeit (ab Bevollmächtigter) innerhalb der Zürcher Kreditbank auch in Filialen beschäftigt gewesen sein, die mehr als nur das Basisgeschäft betreiben (wg. Vielseitigkeit). Sie haben gehört, dass sich auch andere Mitglieder des Vorstandes zufällig mit Mitgliedern des Verwaltungsrates getroffen haben und über mögliche Kriterien gesprochen wurde.

Teilnehmer/in 4

Bedenken Sie, dass der gewählte Kandidat oder die gewählte Kandidatin die notwendigen persönlichen und beruflichen Qualifikationen mitbringen muss, den verantwortungsvollen Posten eines Geschäftsbereichsleiters zu bekleiden. Bei einem zufälligen Treffen mit einem Mitglied des Verwaltungsrates haben Sie diskutiert, welche Kriterien Sie beide als außerordentlich wichtig erachten. Im Personal-Beurteilungs-System darf seine aktuelle Gesamtbenotung nicht schlechter als 5.0 sein. Ebenso ist unbedingt erforderlich, dass der neue Geschäftsbereichsleiter über Führungserfahrung verfügt. Eine Besonderheit Ihrer Bank ist eine 100%-ige Tochtergesellschaft für Personaltraining, die Weiterbildungsinstitute für Führungskräfte in Zürich, Basel und Zug unterhält. Dort werden sowohl Mitarbeiter Ihrer Bank als auch externe Führungskräfte trainiert. Sie haben gehört, dass sich auch andere Mitglieder des Vorstandes zufällig mit Mitgliedern des Verwaltungsrates getroffen haben und über mögliche Kriterien gesprochen wurde.

Teilnehmer/in 5

Bedenken Sie, dass der gewählte Kandidat oder die gewählte Kandidatin die persönlichen und beruflichen Qualifikationen mitbringen muss, um den verantwortungsvollen Posten eines Geschäftsbereichsleiters zu bekleiden. Bei einem zufälligen Treffen mit einem Mitglied des Verwaltungsrates haben Sie diskutiert, welche Kriterien Sie beide als außerordentlich wichtig erachten. Der Kandidat muss einen längeren Auslandsaufenthalt (mindestens ein halbes Jahr) absolviert haben. Ebenso ist unbedingt erforderlich, dass der neue Geschäftsbereichsleiter über Führungserfahrung verfügt. Eine Besonderheit Ihrer Bank ist Ihr internes Weiterbildungssystem: Jeder Mitarbeiter in einer Führungsposition, der in einer Stadt mit bankeigenem internen Weiterbildungsinstitut tätig ist, nimmt automatisch jedes Jahr an einem Trainingsseminar teil (die anderen auf Wunsch). Sie haben gehört, dass sich auch andere Mitglieder des Vorstandes zufällig mit Mitgliedern des Verwaltungsrates getroffen haben und über mögliche Kriterien gesprochen wurde.

Teilnehmer/in 6

Tochtergesellschaft Ihrer Bank ist u. a. die Zürcher Vermögensbildungsaktiengesellschaft („klassische" Geldanlagen wie Bundesanleihen, Wertpapiere, Investmentfonds etc., ohne das über das Basisgeschäft hinausgehende Geschäft mit Lebensversicherungen, Bausparverträgen und Finanzderivaten). Bedenken Sie, dass der gewählte Kandidat/die gewählte Kandidatin die notwendigen persönlichen und beruflichen Qualifikationen mitbringen muss, den verantwortungsvollen Posten eines Geschäftsbereichsleiters zu bekleiden. Bei einem zufälligen Treffen mit einem Mitglied des Verwaltungsrates haben Sie diskutiert, welche Kriterien Sie beide als außerordentlich wichtig erachten. Der Kandidat muss an mindestens drei verschiedenen Orten Praxiserfahrung im Bankbereich gesammelt und zumindest einmal an einem hausinternen Trainingsseminar teilgenommen haben. Sie haben gehört, dass sich auch andere Mitglieder des Vorstandes zufällig mit Mitgliedern des Verwaltungsrates getroffen haben und über mögliche Kriterien gesprochen wurde.

Aufgabe

Lesen Sie sich die Unterlagen gut durch und entscheiden Sie dann, wen Sie zum Geschäftsbereichsleiter in Ihrer Londoner Niederlassung bestimmen wollen. Sie sollten systematisch vorgehen, alle relevanten Aspekte argumentativ vertreten und sich mit der Gruppe auf den besten Kandidaten einigen.

Vorbereitungszeit: 15 Minuten – **Diskussionszeit:** 30 Minuten

Bewerberinnen und Bewerber für die Position des Geschäftsbereichsleiters

I
Name:	Rafael Ferdinand van der Waals	
Geburtsdatum und -ort:	23.06.1963; Amsterdam	
Familienstand:	verheiratet; 2 Kinder (17 und 19 Jahre)	
Schulbildung:	Matura	1982
Ausbildung:	Ausbildung zum Bankkaufmann	1982–1984
	Studium der Betriebswirtschaftslehre	1984–1988
	Universität, Amsterdam	
Berufserfahrung:	Eintritt in eine Großbank, Sachbearbeiter	1989
	Bevollmächtigter im Servicebereich „Controlling"	1989–1993
	(davon ein Jahr in der Londoner Filiale)	
	Wechsel zur Zürcher Kreditbank	1994
	Prokurist in der Stabsabteilung „Konzernentwicklung"	1994–1998
	(Zentrale)	
	Abteilungsdirektor in der Personalabteilung,	1998–2003
	Filiale Basel	
	Leiter der Personalabteilung (Filiale Basel)	2004–2006
	stv. Direktor, Leiter der Personalabteilung in	seit 2006
	der Zentrale	
Personalbeurteilungsbogen:	Aktuelle Durchschnittsnote 5.1 (Schweizer Schulnotenskala)	
Sprachen:	Englisch: verhandlungssicher	
	Niederländisch: verhandlungssicher	

II

Name:	Dr. Esther Hoffmann	
Geburtsdatum und -ort:	13.12.1978; Aarau	
Familienstand:	ledig	
Schulbildung:	Matura	1999
Ausbildung:	Studium der Betriebswirtschaftslehre, Universitäten Zürich und Aberdeen	1999–2003
	Promotion, Universität Zürich (Thema der Dissertation „Optimale Kapitalanlage am Aktienmarkt")	2003–2005
Berufserfahrung:	Eintritt in die Zürcher Kreditbank	01.04.2004
	Firmenkundenbetreuerin (Filiale Luzern)	2004–2006
	Erteilung der Prokura	2006
	stv. Leiterin Firmenkundenabteilung (Filiale Genf)	2006–2007
	stv. Leiterin der Filiale Bern, verantwortlich für „Vermögensanlage" und „Privatkunden"	seit 2007
Personalbeurteilungsbogen:	Aktuelle Durchschnittsnote 5.4 (Schweizer Schulnotenskala)	
Sprachen:	Englisch: verhandlungssicher	
	Französisch: verhandlungssicher	
	Schwedisch: Grundkenntnisse	
Sonstiges:	Auslandsaufenthalt in Großbritannien (01.09.1997–01.03.1998)	

III

Name:	Dr. Walter Küng	
Geburtsdatum und -ort:	21.01.1969; St. Gallen	
Familienstand:	ledig	
Schulbildung:	Matura	1987
Ausbildung:	Studium der Betriebswirtschaftslehre, Universität Zürich (1 Jahr Studentenaustausch in USA & Kanada)	1987–1992
	Promotion Univ. Zürich (Thema der Dissertation: „Computergestütztes Wertpapiermanagement")	1992–1995
Berufserfahrung:	Eintritt in eine große Schweizer Bank (Filiale St. Gallen) Geschäftsbereich „Börsen- und Fondsmanagement"	1995–1998
	Eintritt in die Zürcher Kreditbank	01.01.1999
	stv. Abteilungsleiter „Publikumsfonds" (Zentrale)	1999–2001
	Erteilung der Prokura	2000
	stv. Abteilungsleiter „Vermögensanlage" in der Filiale St. Gallen (ab 1992 als Abteilungsdirektor)	2001–2004
	stv. Leiter der Filiale St. Gallen, verantwortlich für „Anlage-Management" und „Lebensversicherungen"	2004–2006
	Leiter der Filiale St. Gallen, Beförderung zum stellvertretenden Direktor	seit 2007
Personalbeurteilungsbogen:	Aktuelle Durchschnittsnote 5.1 (Schweizer Schulnotenskala)	
Sprachen:	Englisch: verhandlungssicher	
	Französisch: verhandlungssicher	
	Spanisch: verhandlungssicher	

IV

Name:	Dr. Christoph Aregger	
Geburtsdatum und -ort:	08.09.1967; Luzern	
Familienstand:	ledig	
Schulbildung:	Matura	1987
Ausbildung:	Studium der Volkswirtschaft an den Universitäten Bonn und Stanford (USA) (ab 1990)	1988–1994
	Abschluss: Master of Business Administration (MBA)	1994
	Promotion, Universität Zürich (Thema der Dissertation: „Technische Aktienanalyse: Möglichkeiten und Grenzen")	1995–1997
Berufserfahrung:	Eintritt in die Zürcher Filiale einer Großbank, Trainee im Privatkundengeschäft	1997–1999
	Leiter der Privatkundenabteilung (Filiale Luzern)	1999–2001
	Wechsel zur Zürcher Kreditbank	2001

	Prokurist in der Wertpapierabteilung (Zentrale), zuständig für Aktienanalyse	2001–2003
	Abteilungsdirektor, verantwortlich für den Eigenhandel der Bank	2003–2005
	stv. Direktor der Filiale Zug, verantwortlich für Anlage-Management	2005–2006
	Direktor der Filiale Luzern	seit 2007
Personalbeurteilungsbogen:	Aktuelle Durchschnittsnote 5.0 (Schweizer Schulnotenskala)	
Sprachen:	Englisch: verhandlungssicher	
	Spanisch: Grundkenntnisse	
	Französisch: Schulkenntnisse	

V

Name:	**Dr. jur. Angélique Diesbach**	
Geburtsdatum und -ort:	20.11.1972; Bern	
Familienstand:	ledig, ein Kind (10 Jahre)	
Schulbildung:	Matura	1992
Ausbildung:	Einjähriges Bankpraktikum bei der Berner Regiobank	1992–1993
	Jurastudium Uni Bern	1993–1997
	Promotion Uni Bern (Thema der Dissertation: „Haftungsbeschränkungen bei Missbrauch von Scheck- und Kreditkarten")	1997–1999
Berufserfahrung:	Eintritt in die Zürcher Kreditbank	01.01.2000
	Rechtsabteilung der Filiale Bern	2000–2002
	Erteilung der Prokura	2003
	Wechsel zum Geschäftsbereich „Firmenkunden und Körperschaften", dort stv. Leiterin der Abteilung „Corporate Finance/Wertpapieremissionen" (Zentrale)	2003–2005
	Leiterin der Filiale Luzern	2005–2007
	Ernennung zur Abteilungsdirektorin	seit 2005
	Leiterin der Abteilung „Devisen-, Geld- und Edelmetallhandel" (Zentrale)	seit 2007
Personalbeurteilungsbogen:	Aktuelle Durchschnittsnote 5.0 (Schweizer Schulnotenskala)	
Sprachen:	Englisch: verhandlungssicher	
	Französisch: Schulkenntnisse	

VI

Name:	**Markus Furrer**	
Geburtsdatum und -ort:	12.07.1965; Chur	
Familienstand:	verheiratet; keine Kinder	
Schulbildung:	Matura	1985
Ausbildung:	Studium der Wirtschaftswissenschaften, Hochschule St. Gallen (HSG)	1986–1990
	MBA-Studium an der University of Athens (USA)	1991–1992
Berufserfahrung:	Eintritt in die Zürcher Kreditbank	01.10.1992
	Trainee im Geschäftsbereich Wertpapier-Management	1992–1993
	Bevollmächtigter, stv. Leiter der Abteilung „Vermögensanlage" (Filiale St. Gallen)	1993–1997
	Ernennung zum Prokuristen	1997
	Leiter der Abteilung „Vermögensanlage" (St. Gallen)	1998–2000
	Leiter der Abt. „Vermögensanlage" (Filiale Chur)	2001–2004
	Wechsel zur unternehmenseigenen Kapitalanlagegesellschaft „Zürcher Vermögensbildungsaktiengesellschaft"	2004
	Bevollmächtigter der Gesellschaft	seit 2007
Personalbeurteilungsbogen:	Aktuelle Durchschnittsnote 5.1 (Schweizer Schulnotenskala)	
Sprachen:	Englisch: verhandlungssicher	
	Französisch: Schulkenntnisse	
	Italienisch: Grundkenntnisse	
Sonstiges:	Hausinterne Trainingsseminare in Zürich 1997 und 2003	

VII

Name:	**Sabine Blattmann**	
Geburtsdatum und -ort:	29.05.1970; Altdorf	
Familienstand:	verheiratet; 2 Kinder (8 und 15 Jahre)	
Schulbildung:	Matura	1989
Ausbildung:	Einjähriges Bankpraktikum bei der Urner Kantonalbank	1989–1990
	Studium der Bankbetriebswirtschaftslehre und Wirtschaftsinformatik, Universitäten Zürich und London	1990–1998
Berufserfahrung:	Direkteinstieg in ein großes Versicherungsunternehmen	1998–2001
	MBA-Studium an der London School of Economics (MBA-Abschluss)	2001–2002
	Eintritt in eine Schweizer Großbank	01.05.2002
	stv. Abteilungsleiterin für den Geschäftsbereich „Lebensversicherungen" (Filiale Basel)	2002–2007
	Ernennung zur Bevollmächtigten	2004
	Wechsel zur Zürcher Kreditbank	2007
	stv. Abteilungsleiterin „Institutionelle Anleger", verantwortlich für computergestützte Wertpapierportfolios (Zentrale)	2007–2008
	Erteilung der Prokura	2008
	Abteilungsdirektorin, stv. Leiterin der Filiale Luzern (Aufbau des neuen Geschäftsbereichs „Bausparen")	seit 2009
Personalbeurteilungsbogen:	Aktuelle Durchschnittsnote 5.2 (Schweizer Schulnotenskala)	
Sprachen:	Englisch: verhandlungssicher	
	Französisch: verhandlungssicher	
	Spanisch: Grundkenntnisse	

VIII

Name:	**Nicolas Schaffner**	
Geburtsdatum und -ort	21.09.1981; Biel	
Familienstand:	ledig	
Schulbildung:	Matura	2000
Ausbildung:	Studium der Betriebswirtschaftslehre, Universität Bern (Schwerpunkt Bankwesen) und Universität Manchester (ab 2001)	2000–2004
Berufserfahrung:	Einstieg in die Zürcher Kreditbank	01.04.2004
	Sachbearbeiter im Servicebereich „Organisation und Betrieb" (Zentrale)	2004–2005
	Ernennung zum Bevollmächtigten	2005
	stv. Leiter der Abteilung „Vermögensanlage" (Filiale Genf)	2006–2008
	Ernennung zum Prokuristen	2008
	Leiter der Filiale Biel, Ernennung zum Abteilungsdirektor, verantwortlich für Privatkundengeschäft und Vermögensanlage	seit 2009
Personalbeurteilungsbogen:	Aktuelle Durchschnittsnote 4.8 (Schweizer Schulnotenskala)	
Sprachen:	Englisch: verhandlungssicher	
	Französisch: verhandlungssicher	
Sonstiges:	Hausinterne Trainingsseminare in Zürich 2006, 2008 und 2010	

Erläuterungen zu den Hierarchieebenen in der Bank

Sachbearbeiter/Kundenbetreuer etc. (je nach Geschäftsbereich), Bevollmächtigter, Prokurist, Abteilungsdirektor, stellvertretender Direktor, Direktor, Vorstand

Beobachterunterlagen
Gruppendiskussion „Vorstand"
– Lösungsschema –

Direkte und indirekte Ausschlussbedingungen: *Verteilung der TN-Informationen*

Kriterium \ Name	Van der Waals	Hoff-mann	Küng	Aregger	Dies-bach	Furrer	Blatt-mann	Schaff-ner	TN 1	TN 2	TN 3	TN 4	TN 5	TN 6
Wertpapiererfahrung	**nein**	ja	ja	ja	ja	ja	ja	ja	x					
mind. 5 Jahre in Zürcher Kreditbank	ja	ja	ja	ja	ja	ja	**nein**	ja			x			
Personalbeurteilungsnote mind. 5.0	ja	ja	ja	ja	ja	ja	ja	**nein**				x		
Auslandsaufenthalt	ja	ja	ja	ja	**nein**	ja	ja	ja					x	
mind. 3 versch. Arbeitsorte	ja	ja	**nein**	ja	ja	ja	ja	ja						x
mehr als Basisgeschäft	ja	ja	ja	ja	ja	**nein**	ja	ja	(x)	(x)	(x)			(x)
Trainingsseminar	ja	**nein**	ja	ja	ja	ja	ja	ja				(x)	(x)	(x)
Nicht zum Ausschluss verwendbare Kriterien														
Verhandlungssicherheit in englischer Sprache	ja	ja	ja	ja	ja	ja	ja	ja	x	x	x			
Führungserfahrung	ja	ja	ja	ja	ja	ja	ja	ja	x	x	x	x	x	

Zusatzerläuterung zu den indirekten Ausschlussbedingungen (x):
Geschäftsbereiche, die nicht zum Basisgeschäft gehören, sind, wie drei Teilnehmer **TN1/TN2/TN6** aus ihren Unterlagen wissen, z. B. Lebensversicherungen, Bausparen und Finanzderivate. Diese werden, wie einem anderen Teilnehmer **TN2** bekannt ist, nur in der Zentrale und den Hauptfilialen abgewickelt. Ein dritter Teilnehmer, **TN3**, weiß, dass die Hauptfilialen in Basel, Bern, Genf, Luzern und Zug lokalisiert sind. Nur Herr Furrer ist weder in der Zentrale noch in einer der Hauptfilialen tätig gewesen – und die Kapitalanlagegesellschaft, deren geschäftsführender Gesellschafter er ist, betreibt ebenfalls kein Geschäft mit Lebensversicherungen, Bausparen und Finanzderivaten. Dies geht aus den Unterlagen eines vierten Teilnehmers, **TN6**, hervor.

Wie zwei Teilnehmern **TN4/TN5** bekannt ist, verfügt die Zürcher Kreditbank über bankeigene Weiterbildungsinstitute. Einer dieser beiden Teilnehmer, **TN4**, weiß, dass sich solche Institute in Zürich, Basel und Zug befinden. Der andere Teilnehmer, **TN5**, kann seinen Unterlagen entnehmen, dass Mitarbeiter der Zürcher Kreditbank, die in führenden Positionen tätig sind, automatisch jedes Jahr an einem Weiterbildungsseminar teilnehmen, wenn sich ein Weiterbildungsinstitut an ihrem Standort befindet. Da ein dritter Teilnehmer, **TN6**, weiß, dass die Teilnahme an mindestens einem Weiterbildungsseminar zwingend gefordert ist, scheidet Frau Dr. Hoffmann aus: Sie war in keiner der drei obigen Städte tätig und weist auch keinen Vermerk über ein auf eigenen Wunsch besuchtes Trainingsseminar auf.

Gesuchter Kandidat ist somit Herr Dr. Aregger.

Teilnehmerunterlagen
Gruppendiskussion „Vorstand"
– Instruktion für Teilnehmer/in 1 –

Datum _____   Teilnehmer/in _____
                                         (Nummer) Name, Vorname

Instruktion für die Vorstandsmitglieder

Sie sind Mitglied des Vorstands der Zürcher Kreditbank, einer mittelgroßen Schweizerischen Universalbank mit Hauptsitz in Zürich. Ihre Bank besitzt Filialen in der Schweiz und Europa.

Es ist jetzt Ende 2011. Bereits im vorigen Jahr hat Ihre Bank einen Großteil ihres Investmentbankings in ihre Londoner Niederlassung ausgelagert. Zu Beginn dieses Jahres haben Sie im Vorstand beschlossen, das vor allem international sehr lukrative Geschäft mit Aktien-, Renten- und Geldmarktfonds stark auszubauen. Zu diesem Zweck soll in Ihrer Londoner Niederlassung ein neuer Geschäftsbereich „Internationales Wertpapiermanagement" gegründet werden, der für das komplette internationale (europaweite) Wertpapiergeschäft zuständig sein und u. a. den Handel mit Fonds betreiben wird. Der Posten des Geschäftsbereichsleiters, der den Rang eines stellvertretenden Direktors bekleiden wird, soll intern besetzt werden.

Aus den Mitarbeiterinnen und Mitarbeitern Ihrer Bank, die an diesem Posten Interesse gezeigt haben, wurden bereits 8 Personen vorausgewählt. Kurzbeschreibungen der Lebensläufe und der beruflichen Werdegänge aller 8 Kandidaten finden Sie anbei aufgelistet. Ihre Aufgabe wird es gleich sein, sich im Vorstand auf einen der 8 Kandidaten zu einigen. Sie können dazu in der Gruppe maximal 30 Minuten diskutieren, danach müssen Sie eine Entscheidung getroffen haben.

Bedenken Sie, dass der gewählte Kandidat/die gewählte Kandidatin die notwendigen persönlichen und beruflichen Qualifikationen mitbringen muss, um den verantwortungsvollen Posten eines Geschäftsbereichsleiters zu bekleiden. Bei einem zufälligen Treffen mit einem Mitglied des Verwaltungsrates haben Sie diskutiert, welche Kriterien Sie beide als außerordentlich wichtig erachten. Der Kandidat muss in der englischen Sprache verhandlungssicher sein. Ebenso ist erforderlich, dass der neue Bereichsleiter unbedingt über Führungserfahrung verfügt. Neben den Geschäftsbereichen, die zum Basisgeschäft gehören, ist die Zürcher Kreditbank auch in anderen Bereichen tätig, so z. B. Lebensversicherungen, Bausparen und Finanzderivate. Sie haben gehört, dass sich auch andere Mitglieder des Vorstandes zufällig mit Mitgliedern des Verwaltungsrates getroffen haben, wobei über mögliche Kriterien gesprochen wurde.

Aufgabe

Lesen Sie sich die Unterlagen gut durch und entscheiden Sie dann, wen Sie zum Geschäftsbereichsleiter in Ihrer Londoner Niederlassung bestimmen wollen. Sie sollten systematisch vorgehen, alle relevanten Aspekte argumentativ vertreten und sich mit der Gruppe auf den besten Kandidaten einigen.

Vorbereitungszeit: 15 Minuten – **Diskussionszeit**: 30 Minuten

Teilnehmerunterlagen
Gruppendiskussion „Vorstand"
– Instruktion für Teilnehmer/in 2 –

Datum _____   Teilnehmer/in _____
                                          (Nummer) Name, Vorname

[Einleitung wie bei Teilnehmer/in 1]

In Ihrer Bank werden über das Basisgeschäft hinausgehende Bereiche wie „Lebensversicherungen", „Bausparen" und „Finanzderivate" nur in der Zentrale und den Hauptfilialen abgewickelt. Zudem verfügt Ihre Bank über einige Auslandsniederlassungen. Bedenken Sie, dass der gewählte Kandidat/die gewählte Kandidatin die notwendigen persönlichen und beruflichen Qualifikationen mitbringen muss, den verantwortungsvollen Posten eines Geschäftsbereichsleiters zu bekleiden. Bei einem zufälligen Treffen mit einem Mitglied des Verwaltungsrates haben Sie diskutiert, welche Kriterien Sie beide als außerordentlich wichtig erachten. Der Kandidat muss in der englischen Sprache Verhandlungssicherheit aufweisen. Ebenso ist erforderlich, dass der neue Geschäftsbereichsleiter mit dem Wertpapiergeschäft vertraut ist (durch Promotion in diesem Gebiet oder praktische Erfahrung) und unbedingt über Führungserfahrung verfügt. Sie haben gehört, dass sich auch andere Mitglieder des Vorstandes zufällig mit Mitgliedern des Verwaltungsrates getroffen haben, wobei über mögliche Kriterien gesprochen wurde.

[Aufgabe wie bei Teilnehmer/in 1]

Teilnehmerunterlagen
Gruppendiskussion „Vorstand"
– Instruktion für Teilnehmer/in 3 –

Datum _____   Teilnehmer/in _____
                                          (Nummer) Name, Vorname

[Einleitung wie bei Teilnehmer/in 1]

Die Hauptfilialen Ihrer Bank sind in Bern, Basel, Genf, Luzern und Zug. Zudem verfügt die Bank über einige Auslandsniederlassungen. Bedenken Sie, dass der gewählte Kandidat/die gewählte Kandidatin die notwendigen persönlichen und beruflichen Qualifikationen mitbringen muss, den verantwortungsvollen Posten eines Geschäftsbereichsleiters zu bekleiden. Bei einem zufälligen Treffen mit einem Mitglied des Verwaltungsrates haben Sie diskutiert, welche Kriterien Sie beide als außerordentlich wichtig erachten. Der Kandidat muss in der englischen Sprache Verhandlungssicherheit aufweisen. Ebenso ist erforderlich, dass der Kandidat bereits seit mindestens fünf Jahren in der Zürcher Kreditbank beschäftigt ist und über Führungserfahrung verfügt. Des Weiteren muss die Person in verantwortlicher Tätigkeit (ab Bevollmächtigter) innerhalb der Zürcher Kreditbank auch in Filialen beschäftigt gewesen sein, die mehr als nur das Basisgeschäft betreiben (wg. Vielseitigkeit). Sie haben gehört, dass sich auch andere Mitglieder des Vorstandes zufällig mit Mitgliedern des Verwaltungsrates getroffen haben, wobei über mögliche Kriterien gesprochen wurde.

[Aufgabe wie bei Teilnehmer/in 1]

Teilnehmerunterlagen
Gruppendiskussion „Vorstand"
– Instruktion für Teilnehmer/in 4 –

Datum _____   Teilnehmer/in _____
                                             (Nummer) Name, Vorname

[Einleitung wie bei Teilnehmer/in 1]

Bedenken Sie, dass der gewählte Kandidat oder die gewählte Kandidatin die notwendigen persönlichen und beruflichen Qualifikationen mitbringen muss, um den verantwortungsvollen Posten eines Geschäftsbereichsleiters zu bekleiden. Bei einem zufälligen Treffen mit einem Mitglied des Verwaltungsrates haben Sie diskutiert, welche Kriterien Sie beide als außerordentlich wichtig erachten. Im Personal-Beurteilungs-System darf seine aktuelle Gesamtbenotung nicht schlechter als 5.0 sein. Ebenso ist unbedingt erforderlich, dass der neue Geschäftsbereichsleiter über Führungserfahrung verfügt. Eine Besonderheit Ihrer Bank ist eine 100%-ige Tochtergesellschaft für Personaltraining, die Weiterbildungsinstitute für Führungskräfte in Zürich, Basel und Zug unterhält. Dort werden sowohl Mitarbeiter Ihrer Bank als auch externe Führungskräfte trainiert. Sie haben gehört, dass sich auch andere Mitglieder des Vorstandes zufällig mit Mitgliedern des Verwaltungsrates getroffen haben, wobei über mögliche Kriterien gesprochen wurde.

[Aufgabe wie bei Teilnehmer/in 1]

Teilnehmerunterlagen
Gruppendiskussion „Vorstand"
– Instruktion für Teilnehmer/in 5 –

Datum _____   Teilnehmer/in _____
                                             (Nummer) Name, Vorname

[Einleitung wie bei Teilnehmer/in 1]

Bedenken Sie, dass der gewählte Kandidat oder die gewählte Kandidatin die notwendigen persönlichen und beruflichen Qualifikationen mitbringen muss, um den verantwortungsvollen Posten eines Geschäftsbereichsleiters zu bekleiden. Bei einem zufälligen Treffen mit einem Mitglied des Verwaltungsrates haben Sie diskutiert, welche Kriterien Sie beide als außerordentlich wichtig erachten. Der Kandidat muss einen längeren Auslandsaufenthalt (mindestens ein halbes Jahr) absolviert haben. Ebenso ist unbedingt erforderlich, dass der neue Geschäftsbereichsleiter über Führungserfahrung verfügt. Eine Besonderheit Ihrer Bank ist Ihr internes Weiterbildungssystem: Jeder Mitarbeiter in einer Führungsposition, der in einer Stadt mit bankeigenem internen Weiterbildungsinstitut tätig ist, nimmt automatisch jedes Jahr an einem Trainingsseminar teil (die anderen auf Wunsch). Sie haben gehört, dass sich auch andere Mitglieder des Vorstandes zufällig mit Mitgliedern des Verwaltungsrates getroffen haben, wobei über mögliche Kriterien gesprochen wurde.

[Aufgabe wie bei Teilnehmer/in 1]

> **Teilnehmerunterlagen**
> **Gruppendiskussion „Vorstand"**
> – Instruktion für Teilnehmer/in 6 –
>
> Datum _____   Teilnehmer/in _____
>   (Nummer) Name, Vorname
>
> [Einleitung wie bei Teilnehmer/in 1]
>
> Tochtergesellschaft Ihrer Bank ist u. a. die Zürcher Vermögensbildungsaktiengesellschaft („klassische" Geldanlagen wie Bundesanleihen, Wertpapiere, Investmentfonds etc., ohne das über das Basisgeschäft hinausgehende Geschäft mit Lebensversicherungen, Bausparverträgen und Finanzderivaten). Bedenken Sie, dass der gewählte Kandidat/die gewählte Kandidatin die notwendigen persönlichen und beruflichen Qualifikationen mitbringen muss, den verantwortungsvollen Posten eines Geschäftsbereichsleiters zu bekleiden. Bei einem zufälligen Treffen mit einem Mitglied des Verwaltungsrates haben Sie diskutiert, welche Kriterien Sie beide als außerordentlich wichtig erachten. Der Kandidat muss an mindestens drei verschiedenen Orten Praxiserfahrung im Bankbereich gesammelt und zumindest einmal an einem hausinternen Trainingsseminar teilgenommen haben. Sie haben gehört, dass sich auch andere Mitglieder des Vorstandes zufällig mit Mitgliedern des Verwaltungsrates getroffen haben, wobei über mögliche Kriterien gesprochen wurde.
>
> [Aufgabe wie bei Teilnehmer/in 1]

In dieser Aufgabe können bei Zugrundelegung der von Odermatt und Melchers (2009) empirisch gewonnenen Anforderungen aus Abbildung 3 die breiten Dimensionen „Problemlösefähigkeit/Analysefähigkeit", „Organisation/Planung", „Arbeitsverhalten", „Kommunikation", „Führung" und „Soziale Kompetenz" gut beobachtet werden.

Beobachtbare Dimensionen in der „hidden profile"-Aufgabe

5.4 Gruppendiskussion: Gemeinsames Optimieren eines computersimulierten Szenarios

Bei dieser Übung haben die Teilnehmer gemeinsam die Aufgabe, eine Firma erfolgreich zu leiten. Die wirtschaftlichen Daten und die Einflussmöglichkeiten auf die Unternehmenssteuerung werden ihnen in der Vorbereitungsphase anhand von Unterlagen mitgeteilt. Das Szenario selbst liegt als Computerprogramm vor und ist für nicht kommerzielle wissenschaftliche Nutzung frei verfügbar (http://www.psychologie.uni-heidelberg.de/ae/allg/tools/tailorshop/index.html).

Der Bearbeitungsbildschirm wird mithilfe eines Beamers an eine Wand projiziert. Abbildung 19 zeigt den Bearbeitungsbildschirm.

Abbildung 19:
Bearbeitungsbildschirm des TailorShop online
(http://www.psychologie.uni-heidelberg.de/ae/allg/tools/tailorshop/index.html;
Danner, Hagemann, Holt, Hager, Schankin, Wüstenberg & Funke, 2011)

Zielsetzung der Gruppe ist es, den Kapitalwert zu maximieren. Dazu können die Teilnehmer über eine definierte Zeitspanne, 30 oder 45 Minuten, mehrere „Monate" die Firma steuern. Eingegeben werden können von der Gruppe Werte für die einzelnen Variablen auf beiden Seiten des Bearbeitungsbildschirms. So können sie beispielsweise den „Hemdenpreis", den Lohn, Werbeausgaben etc. festlegen. Sie müssen auch Rohstoffe, abhängig vom Rohstoffpreis, einkaufen und können den Maschinenpark modernisieren. Bei drei Probedurchgängen haben die Teilnehmer nach der individuellen Vorbereitung gemeinsam die Möglichkeit, sich mit dem System vertraut zu machen. Die Eingabe der einzelnen Werte erfolgt durch eine Hilfskraft, die die von der Gruppe gewünschten Werte in den Computer eingibt. Eine Hilfskraft wird genutzt, damit die Chancen der Beteiligung der Teilnehmer unabhängig von der Nähe zum Computer sind. Nach der Instruktion und den drei Probedurchgängen wird das Szenario gestartet. Nach ihren Eingaben bekommen die Teilnehmer nach jedem „Monat" die Veränderung der Unternehmenskennzahlen und insbesondere den Kapitalkennwert durch den Bearbeitungsbildschirm rückgemeldet. Die Aufgabe selbst ist in einer Gruppengröße von 4 bis 7 Personen durchführbar. Sollte ein Assessment-Center aus 12 Teilnehmern bestehen, kann zusätzlicher Wettbewerbsdruck erzeugt werden, indem man beide Gruppen unter gleichen Startbedingungen zeitgleich in zwei Räumen gegeneinander antreten lässt. Da die Aufgabe in den ersten „Monaten" in der Regel weniger erfolgreich bewältigt wird, müssen die Teilnehmer häufig erstmals gemeinsam eine Frustrationsphase durchlaufen. Die Teilnehmer müssen auch entscheiden, wie viel Zeit sie sich für die einzelnen Monate lassen, d. h. wie gründlich sie diskutieren, bevor sie ihre Entscheidungen treffen. Lassen sie sich mehr Zeit, wird die Entscheidung möglicherweise besser, anderseits haben sie dann weniger Monate zur Verfügung, um den Kapitalwert zu erhöhen. Beobachtet und bewertet werden die Verhaltensleistungen der einzelnen Teilnehmer – unabhängig vom Erfolg der Gruppe.

Nach der Taxonomie von Odermatt und Melchers (2009) können in dieser Aufgabe besonders gut folgende breite Anforderungen beobachtet werden: „Problemlösefähigkeit/Analysefähigkeit", „Strategisches und unternehmerisches Denken", „Organisation/Planung, „Arbeitsverhalten", „Soziale Kompetenz", „Führung" und „Kommunikation". Aber auch weniger breite Dimensionen der Taxonomie wie „Aggressivität", „Lernbereitschaft", „Toleranz für Unsicherheit", „Risikobereitschaft" oder „Hartnäckigkeit" können gut beobachtet werden.

Beobachtbare Dimensionen im computersimulierten Szenario „Tailorshop"

Neben den hier vorgestellten Übungen, die entsprechend dem Einsatzzweck modifiziert werden können, finden sich weitere Übungen praxisnah beschrieben bei Obermann (2009).

6 Literaturempfehlung

Obermann, C. (2009). *Assessment Center. Entwicklung, Durchführung, Trends. Mit originalen AC-Übungen* (4., vollst. überarb. u. erw. Aufl.). Wiesbaden: Gabler.
Paschen, M., Beenen, A., Turck, D. & Stöwe, C. (2013). *Assessment Center professionell. Worauf es ankommt und wie Sie vorgehen* (3., überarb. u. erw. Aufl.). Göttingen: Hogrefe.
Schuler, H. (Hrsg.). (2007). *Assessment Center zur Potenzialanalyse*. Göttingen: Hogrefe.
Sünderhauf, K., Stumpf, S. & Höft, S. (Hrsg.). (2005). *Assessment Center – von der Auftragsklärung bis zur Qualitätssicherung. Ein Handbuch von Praktikern für Praktiker*. Lengerich: Pabst Science Publishers.

Informationen im Internet

www.arbeitskreis-ac.de
www.akac.ch
www.assessmentcenters.org

7 Literatur

Aldering, C. (2001). Projektleiter-Assessment – Beispiel eines dynamisierten Assessment Centers. In W. Sarges (Hrsg.), *Weiterentwicklungen der Assessment-Center-Methode* (S. 143–153). Göttingen: Hogrefe.

Anderson, N. & Goltsi, V. (2006). Negative psychological effects of selection methods: Construct formulation and an empirical investigation into an assessment center. *International Journal of Selection and Assessment, 14,* 236–255.

Anderson, N., Payne, T., Ferguson, E. & Smith, T. (1994). Assessor decision making, information processing and assessor decision strategies in a British assessment centre. *Personnel Review, 23,* 52–62.

Andres, J. & Kleinmann, M. (1993). Die Entwicklung eines Rotationssystems für die Beobachtungssituation im Assessment-Center. *Zeitschrift für Arbeits- und Organisationspsychologie, 37,* 19–25.

Arthur, W. Jr. & Day, E. A. (2010). Assessment centers. In S. Zedeck (Ed.), *APA handbook of industrial and organizational psychology: Selecting and developing members for the organization* (Vol. 2, pp. 205–235). Washington, DC: American Psychological Association.

Arthur, W. Jr., Day, E. A., McNelly, T. L. & Edens, P. S. (2003). A meta-analysis of the criterion-related validity of assessment center dimensions. *Personnel Psychology, 56,* 125–154.

Bartram, D. (2005). The great eight competencies: A criterion-centric approach to validation. *Journal of Applied Psychology, 90,* 1185–1203.

Becker, N., Höft, S., Holzenkamp, M. & Spinath, F. M. (2011). Die prädiktive Validität von Assessment-Centern in deutschsprachigen Regionen. Eine Meta-Analyse. *Journal of Personnel Psychology, 10,* 61–69.

Bell, S. T. & Arthur, W. Jr. (2008). Feedback acceptance in developmental assessment centers: The role of feedback message, participant personality, and affective response to the feedback session. *Journal of Organizational Behavior, 29,* 681–703.

Binning, J. F., Adorno, A. J. & Williams, K. B. (1995, May). *Gender and race effects on behavior checklist and judgemental assessment center evaluations.* Paper presented at the Annual Conference of the Society for Industrial and Organizational Psychology, Orlando, FL.

Bird, A., Mendenhall, M., Stevens, M. J. & Oddou, G. (2010). Defining the content domain of intercultural competence for global leaders. *Journal of Managerial Psychology, 25,* 810–828.

Birri, R. & Naef, B. (2006). Wirkung und Nutzen des Assessment-Center-Feedbacks im Entwicklungsverlauf von Nachwuchsführungskräften. Eine retrospektive Studie. *Wirtschaftspsychologie, 8,* 58–67.

Borman, W. C. (1982). Validity of behavioral assessment for predicting military recruiter performance. *Journal of Applied Psychology, 67,* 3–9.

Borman, W. C. & Brush, D. H. (1993). More progress toward a taxonomy of managerial performance requirements. *Human Performance, 6,* 1–21.

Bowler, M. C. & Woehr, D. J. (2006). A meta-analytic evaluation of the impact of dimension and exercise factors on assessment center ratings. *Journal of Applied Psychology, 91,* 1114–1124.

Bray, D. W. & Grant, D. L. (1966). The assessment center in the measurement of potential for business management. *Psychological Monographs: General and Applied, 80,* 1–27.

Bycio, P., Alvares, K. M. & Hahn, J. (1987). Situational specificity in assessment center ratings: A confirmatory factor analysis. *Journal of Applied Psychology, 72,* 463–474.

Campbell, W. J. (1991). *Comparison of the efficacy of general and specific performance dimensions in an operational assessment center.* Unpublished dissertation, Old Dominion University, VA.

Cronbach, L. J. & Gleser, G. C. (1965). *Psychological tests and personnel decisions.* Urbana: University of Illinois Press.

Damitz, M., Manzey, D., Kleinmann, M. & Severin, K. (2003). Assessment center for pilot selection: Construct and criterion validity and the impact of assessor type. *Applied Psychology: An International Review, 52,* 193–212.

Danner, D., Hagemann, D., Holt, D. V., Hager, M., Schankin, A., Wüstenberg, S. & Funke, J. (2011). Measuring Performance in Dynamic Decision Making. Reliability and Validity of the Tailorshop Simulation. *Journal of Individual Differences, 32* (4), 225–233.

Dean, M. A., Roth, P. L. & Bobko, P. (2008). Ethnic and gender subgroup differences in assessment center ratings: A meta-analysis. *Journal of Applied Psychology, 93,* 685–691.

Dilchert, S. & Ones, D. S. (2009). Assessment center dimensions: Individual differences correlates and meta-analytic incremental validity. *International Journal of Selection and Assessment, 17,* 254–270.

Dörner, D. (1979). *Programm Tailorshop in der Version für TI-59 mit Drucker PC-100. Modifizierte und kommentierte Fassung von Norbert Streitz* [Unveröffentlichtes Computerprogramm]. Aachen: Institut für Psychologie.

Etzel, S. & Küppers, A. (2000). *Managementarbeitsprobe (MAP).* Herzogenrath: pro facts assessment & training.

Exler, C. & Kleinmann, M. (1997). Die Wirkung impliziter Kriterien bei einem Personalauswahlverfahren. *Zeitschrift für Arbeits- und Organisationspsychologie, 41,* 86–90.

Felser, G. (2010). *Personalmarketing.* Göttingen: Hogrefe.

Fennekels, G. P. (1995). *PC-Office 1.0: Postkorb zur Diagnose von Führungsverhalten.* Göttingen: Hogrefe.

Fennekels, G. P. & D'Souza, S. (1999). *Management-Fallstudien (MFA).* Göttingen: Hogrefe.

Fisseni, H.-J. & Fennekels, G. P. (1995). *Das Assessment-Center. Eine Einführung für Praktiker.* Göttingen: Verlag für Angewandte Psychologie.

Flanagan, J. C. (1954). The critical incident technique. *Psychological Bulletin, 51,* 327–358.

Fletcher, C., Lovatt, C. & Baldry, C. (1997). A study of state, trait, and test anxiety, and their relationship to assessment center performance. *Journal of Social Behavior and Personality, 12,* 205–214.

Frederiksen, N., Saunders, D. R. & Wand, B. (1957). The in-basket test. *Psychological Monographs: General and Applied, 71,* 1–28.

Funke, U. (1995). Szenarien in der Eignungsdiagnostik und im Personaltraining. In B. Strauß & M. Kleinmann (Hrsg.), *Computersimulierte Szenarien in der Personalarbeit* (S. 145–216). Göttingen: Verlag für Angewandte Psychologie.

Funke, U., Schuler, H. & Moser, K. (1995). Nutzenanalyse zur ökonomischen Evaluation eines Personalauswahlprojekts für Industrieforscher. In T. J. Gerpott & S. H. Siemens (Hrsg.), *Controlling von Personalprogrammen* (S. 139–171). Stuttgart: Schäffer-Poeschel.

Gaugler, B. B., Bentson, C. & Pohley, K. (1990). *A survey of assessment center practices in organizations.* Unveröffentlichtes Manuskript.

Gaugler, B. B., Rosenthal, D. B., Thornton, G. C. III & Bentson, C. (1987). Meta-analysis of assessment center validity. *Journal of Applied Psychology, 72,* 493–511.

Gaugler, B. B. & Rudolph, A. S. (1992). The influence of assessee performance variation on assessors' judgements. *Personnel Psychology, 45,* 77–98.

Gaugler, B. B. & Thornton, G. C. III. (1989). Number of assessment center dimensions as a determinant of assessor accuracy. *Journal of Applied Psychology, 74,* 611–618.

Gerpott, T. J. (1990). Erfolgswirkungen von Personalauswahlverfahren. Zur Bestimmung des ökonomischen Nutzens von Auswahlverfahren als Instrument des Personalcontrolling. *Zeitschrift für Organisationspsychologie, 1,* 37–44.

Gilliland, S. W. (1993). The perceived fairness of selection systems: An organizational justice perspective. *Academy of Management Review, 18,* 694–734.

Goldstein, H. W., Yusko, K. P., Braverman, E. P., Smith, D. B. & Chung, B. (1998). The role of cognitive ability in the subgroup differences and incremental validity of assessment center exercises. *Personnel Psychology, 51,* 357–374.

Guldin, A. & Schuler, H. (1997). Konsistenz und Spezifität von AC-Beurteilungskriterien: Ein neuer Ansatz zur Konstruktvalidierung des Assessment Center-Verfahrens. *Diagnostica, 73,* 230–254.

Haaland, S. & Christiansen, N. D. (2002). Implications of trait-activation theory for evaluating the construct validity of assessment center ratings. *Personnel Psychology, 55,* 137–163.

Hardison, C. M. & Sackett, P. R. (2007). Kriteriumsbezogene Validität des Assessment Centers: Lebendig und wohlauf? In H. Schuler (Hrsg.), *Assessment Center zur Potenzialanalyse* (S. 192–202). Göttingen: Hogrefe.

Harris, M. M., Becker, A. S. & Smith, D. E. (1993). Does the assessment center scoring method affect the cross-situational consistency of ratings? *Journal of Applied Psychology, 78,* 675–678.

Hasselmann, D. & Strauß, B. (1995). *Herausforderung Komplexität II: Textilfabrik.* Hamburg: Windmühle.

Hauschnecht, J. P., Day, D. V. & Thomas, S. C. (2004). Applicant reactions to selection procedures: An updated model and meta-analysis. *Personnel Psychology, 57,* 639–683.

Hermelin, E., Lievens, F. & Robertson, I. T. (2007). The validity of assessment centres for the prediction of supervisory performance ratings: A meta-analysis. *International Journal of Selection and Assessment, 15,* 405–411.

Hoffman, B. J., Melchers, K. G., Blair, C. A., Kleinmann, M. & Ladd, R. T. (2011). Exercises and dimensions are the currency of assessment centers. *Personnel Psychology, 64,* 351–395.

Hoffman, B. J. & Woehr, D. J. (2009). Disentangling the meaning of multisource performance rating source and dimension factors. *Personnel Psychology, 62,* 735–765.

Hoffmann, C. C. & Thornton, G. C. III. (1997). Examining selection utility where competing predictors differ in adverse impact. *Personnel Psychology, 50,* 455–470.

Höft, S. (2007). Die Assessment Center-Bewertung als Ergebnis vieler Faktoren: Differenzierung von Einflussquellen auf Assessment Center-Beurteilungen mithilfe der Generalisierbarkeitstheorie. In H. Schuler (Hrsg.), *Assessment Center zur Potenzialanalyse* (S. 274–293). Göttingen: Hogrefe.

Höft, S. & Funke, U. (2001). Simulationsorientierte Verfahren der Personalauswahl. In H. Schuler (Hrsg.), *Lehrbuch der Personalpsychologie* (S. 135–173). Göttingen: Hogrefe.

Höft, S. & Melchers, K. G. (2010). Training von AC-Beobachtern: Worauf kommt es an? *Wirtschaftspsychologie, 12,* 32–40.

Höft, S. & Obermann, C. (2010). Der Praxiseinsatz von Assessment Centern im deutschsprachigen Raum: Eine zeitliche Verlaufsanalyse basierend auf den Anwenderbefragungen des Arbeitskreises Assessment Center e. V. von 2001 und 2008. *Wirtschaftspsychologie, 12,* 5–16.

Hogan, J. & Zenke, L. L. (1986). Dollar-value utility of alternative procedures for selecting school principals. *Educational and Psychological Measurement, 46,* 935–945.

Holzenkamp, M., Spinath, F. M. & Höft, S. (2010). Wie valide sind Assessment Center im deutschsprachigen Raum? Eine Überblicksstudie mit Empfehlungen für die AC-Praxis. *Wirtschaftspsychologie, 12,* 17–25.

Hossiep, R. & Mühlhaus, O. (2005). *Personalauswahl und -entwicklung mit Persönlichkeitstests.* Göttingen: Hogrefe.

Hossiep, R. & Paschen, M. (2003). *Bochumer Inventar zur berufsbezogenen Persönlichkeitsbeschreibung (BIP)* (2., vollst. überarb. Aufl.). Göttingen: Hogrefe.

Howard, A. (1997). A reassessment of assessment centers, challenges for the 21st century. *Journal of Social Behavior and Personality, 12,* 13–52.

Huck, J. R. (1973). Assessment Centers: A review of the external and internal validities. *Personnel Psychology, 26,* 191–212.

Hülsheger, U. R., Specht, E. & Spinath, F. M. (2006). Validität des BIP und des NEO-PI-R: Wie geeignet sind ein berufsbezogener und ein nicht explizit berufsbezogener Persönlichkeitstest zur Erklärung von Berufserfolg? *Zeitschrift für Arbeits- und Organisationspsychologie, 50,* 135–147.

Hunter, J. E. & Hunter, R. F. (1984). Validity and utility of alternative predictors of job performance. *Psychological Bulletin, 96,* 72–98.

Hunter, J. E., Schmidt, F. L. & Jackson, G. B. (1982). *Meta-analysis: Cumulating research findings across studies.* Beverly Hills: Sage.

International Task Force on Assessment Center Guidelines (2009). Guidelines and ethical considerations for assessment center operations. *International Journal of Selection and Assessment, 17,* 243–253.

Jackson, D., Ahmad, M. H., Grace, G. & Yoon, J. (2011). An alternative take on AC research and practice: Task-based assessment centers. In N. Povah & G. C. Thornton III (Eds.), *Assessment centres and global talent management* (pp. 33–46). Farnham, UK: Gower.

Jacobsen, L. & Sinclair, N. (1990, March). *Assessing the writing of teacher candidates: Connecticut's method of holistic assessments.* Paper presented at the 18th International Congress on the Assessment Center Method, Anaheim, CA.

Jansen, A., Lievens, F. & Kleinmann, M. (2011). Do individual differences in perceiving situational demands moderate the relationship between personality and assessment center dimension ratings? *Human Performance, 24,* 231–250.

Janz, T., Hellervik, L. & Gilmore, D. C. (1986). *Behavior description interviewing: New, accurat, cost-effective.* Boston, MA: Allyn & Bacon.

Jeserich, W. (1981). *Mitarbeiter auswählen und fördern: Assessment Center-Verfahren.* München, Wien: Hanser.

Kehoe, J. F., Weinberg, K. & Lawrence, I. M. (1985, August). *Dimension and exercise effects on work simulation ratings.* Paper presented at the meeting of the American Psychological Association, Los Angeles, CA.

Kelbetz, G. & Schuler, H. (2002). Verbessert Vorerfahrung die Leistung im Assessment Center? *Zeitschrift für Personalpsychologie, 1,* 4–18.

Kempf, U. & Schäfer, W. (2000). PEB – Personalentwicklungs- und Beratungsseminar bei der Sparkasse Kiel als Baustein einer gezielten Nachwuchsförderung. In M. Kleinmann & B. Strauß (Hrsg.), *Potenzialfeststellung und Personalentwicklung* (2. Aufl., S. 229–236). Göttingen: Hogrefe.

Kersting, M. (2010). Akzeptanz von Assessment Centern: Was kommt an und worauf kommt es an? *Wirtschaftspsychologie, 12,* 58–65.

Kleinmann, M. (1993). Are rating dimensions in assessment centers transparent for participants? Consequences for criterion and construct validity. *Journal of Applied Psychology, 78,* 988–993.

Kleinmann, M. (1997a). *Assessment-Center: Stand der Forschung, Konsequenzen für die Praxis.* Göttingen: Verlag für Angewandte Psychologie.

Kleinmann, M. (1997b). Transparenz der Anforderungsdimensionen: Ein Moderator der Konstrukt- und Kriteriumsvalidität des Assessment-Centers. *Zeitschrift für Arbeits- und Organisationspsychologie, 41,* 171–181.

Kleinmann, M., Andres, J., Fedtke, C., Godbersen, F. & Köller, O. (1994). Der Einfluß unterschiedlicher Auswertungsmethoden auf die Konstruktvalidität von Assessment-Centern. *Zeitschrift für Experimentelle und Angewandte Psychologie, 41,* 184–210.

Kleinmann, M., Exler, C., Kuptsch, C. & Köller, O. (1995). Unabhängigkeit und Beobachtbarkeit von Anforderungsdimensionen im Assessment Center als Moderatoren der Konstruktvalidität. *Zeitschrift für Arbeits- und Organisationspsychologie, 39,* 22–28.

Kleinmann, M., Ingold, P.V., Lievens, F., Jansen, A., Melchers, K.G. & König, C.J. (2011). A different look at why selection procedures work: The role of candidates' ability to identify criteria. *Organizational Psychology Review, 1,* 128–146.

Kleinmann, M., Kuptsch, C. & Köller, O. (1996). Transparency: A necessary requirement for the construct validity of assessment centres. *Applied Psychology: An International Review, 45,* 67–84.

Kleinmann, M., Manzey, D., Schumacher, S. & Fleishman, E.A. (2010). *Fleishman Job Analyse System für eigenschaftsbezogene Anforderungsanalysen. Deutschsprachige Bearbeitung des Fleishman Job Analysis Survey by Edwin A. Fleishman (F-JAS).* Göttingen: Hogrefe.

Kleinmann, M. & Strauß, B. (1998). Validity and application of computer-simulated scenarios in personnel assessment. *International Journal of Selection and Assessment, 6,* 97–106.

Klinck, D. (2013). Computerisierte Methoden. In W. Sarges (Hrsg.), *Management-Diagnostik* (4., vollst. überarb. u. erw. Aufl.; S. 649–656). Göttingen: Hogrefe.

Kolk, N.J. (2001). *Assessment centers: Understanding and improving construct-related validity.* Enschede: Ipskamp.

Kolk, N.J., Born, M., Bleichrodt, N. & van der Flier, H. (1998, August). *A triarchic approach to assessment center dimensions: Empirical evidence for the Feeling-Thinking-Power model for AC dimensions.* Paper presented at the International Congress of Applied Psychology, San Francisco, CA.

Kolk, N.J., Born, M.P. & van der Flier, H. (2003). The transparent assessment centre: The effects of revealing dimensions to candidates. *Applied Psychology: An International Review, 52,* 648–668.

Kolk, N.J., Born, M.P. & van der Flier, H. (2004). A triadic approach to the construct validity of the assessment center: The effect of categorizing dimensions into a feeling, thinking, and power taxonomy. *European Journal of Psychological Assessment, 20,* 149–156.

König, C.J., Klehe, U.C., Berchtold, M. & Kleinmann, M. (2010). Reasons for being selective when choosing personnel selection procedures. *International Journal of Selection and Assessment, 18,* 17–27.

Konradt, U. & Sarges, W. (2003). *E-Recruitment und E-Assessment. Rekrutierung, Auswahl und Beratung von Personal im Inter- und Intranet.* Göttingen: Hogrefe.

Konz, A.M. (1988). *A comparison of dimension ratings and exercise ratings in assessment centers.* Unpublished doctoral dissertation, University of Maryland.

Krause, D. E. (2011). *Trends in der internationalen Personalauswahl.* Göttingen: Hogrefe.
Krause, D. E., Meyer zu Kniendorf, C. & Gebert, D. (2001). Das Assessment Center in der deutschsprachigen Wirtschaft. *Personal – Zeitschrift für Human Resource Management, 11,* 638–642.
Krause, D. E. & Thornton, G. C. III. (2009). A cross-cultural look at assessment center practices: Survey results from Western Europe and North America. *Applied Psychology: An International Review, 58,* 557–585.
Kristof, A. L. (1996). Person-organization fit: An integrative review of its conceptualizations, measurement, and implications. *Personnel Psychology, 49,* 1–49.
Krumm, S., Mertin, I. & Dries, C. (2012). *Kompetenzmodelle.* Göttingen: Hogrefe.
Krumm, S. & Schmidt-Atzert, L. (2009). *Leistungstests im Personalmanagement.* Göttingen: Hogrefe.
Kudisch, J. D., Ladd, R. T. & Dobbins, G. H. (1997). New evidence on the construct validity of diagnostic assessment centers: The findings may not be so troubling after all. *Journal of Social Behavior and Personality, 12,* 129–144.
Kühlmann, T. M. (2004). *Auslandseinsatz von Mitarbeitern.* Göttingen: Hogrefe.
Kühlmann, T. M. & Stahl, G. K. (2006). Problemfelder des internationalen Personaleinsatzes. In H. Schuler (Hrsg.), *Lehrbuch der Personalpsychologie* (2., überarb. u. erw. Aufl., S. 674–694). Göttingen: Hogrefe.
Kwaske, I. H. (2004). Individual assessments for personnel selection: An update on a rarely researched but avidly practiced practice. *Consulting Psychology Journal: Practice and Research, 56,* 186–195.
Lammers, F. & Holling, H. (2000). Beobachterrotation und die Konstruktvalidität des Assessment Centers. *Zeitschrift für Differentielle und Diagnostische Psychologie, 21,* 270–278.
Lance, C. E. (2007). Weshalb Assessment Center nicht in der erwarteten Weise funktionieren. In H. Schuler (Hrsg.), *Assessment Center zur Potenzialanalyse* (S. 109–125). Göttingen: Hogrefe.
Lance, C. E., Foster, M. R., Gentry, W. A. & Thoresen, J. D. (2004). Assessor cognitive processes in an operational assessment center. *Journal of Applied Psychology, 89,* 22–35.
Lance, C. E., Foster, M. R., Nemeth, Y. M., Gentry, W. A. & Drollinger, S. (2007). Extending the nomological network of assessment center construct validity: Prediction of cross-situationally consistent and specific aspects of assessment center performance. *Human Performance, 20,* 345–362.
Lance, C. E., Lambert, T. A., Gewin, A. G., Lievens, F. & Conway, J. M. (2004). Revised estimates of dimension and exercise variance components in assessment center postexercise dimension ratings. *Journal of Applied Psychology, 89,* 377–385.
Lance, C. E., Newbolt, W. H., Gatewood, R. D., Foster, M. R., French, N. R. & Smith, D. E. (2000). Assessment center exercise factors represent cross-situational specificity, not method bias. *Human Performance, 13,* 323–353.
Lebreton, J. M., Gniatczyk, L. A. & Migetz, D. Z. (1999, April). *The relationship between behavior checklist ratings and judgemental ratings in an operational assessment center: An application of structural equation modeling.* Paper presented at Annual Conference of the Society for Industrial and Organizational Psychology, Atlanta, GA.
Lieberei, W. (in Vorbereitung). *OfficeMail.* Göttingen: Hogrefe.
Lievens, F. (1998). Factors which improve the construct validity of assessment centers: A review. *International Journal of Selection and Assessment, 6,* 141–152.
Lievens, F. (1999, May). *The effects of type of assessor training on the construct validity and accuracy of assessment center ratings.* Paper presented at the European Congress of Work and Organizational Psychology Espoo-Helsinki, Finland.

Lievens, F. (2002). Trying to understand the different pieces of the construct validity puzzle of assessment centers: An examination of assessor and assessee effects. *Journal of Applied Psychology, 87,* 675–686.

Lievens, F., Chasteen, C. S., Day, E. A. & Christiansen, N. D. (2006). Large-scale investigation of the role of trait activation theory for understanding assessment center convergent and discriminant validity. *Journal of Applied Psychology, 91,* 247–258.

Lievens, F. & Conway, J. M. (2001). Dimension and exercise variance in assessment center scores: A large-scale evaluation of multitrait-multimethod studies. *Journal of Applied Psychology, 86,* 1202–1222.

Lievens, F., Harris, M. M., van Keer, E. & Bisqueret, C. (2003). Predicting cross-cultural training performance: The validity of personality, cognitive ability, and dimensions measured by an assessment center and a behavior description interview. *Journal of Applied Psychology, 88,* 476–489.

Lievens, F. & Klimoski, R. J. (2001). Understanding the assessment centre process: Where are we now? In C. L. Cooper & I. T. Robertson (Eds.), *International review of industrial and organizational psychology* (Vol. 16, pp. 245–286). Chichester, UK: Wiley.

Lievens, F. & Thornton, G. C. III. (2005). Assessment centers: Recent developments in practice and research. In A. Evers, O. Smit-Voskuijl & N. Anderson (Eds.), *Handbook of Selection* (pp. 243–264). Oxford: Blackwell Publishing.

Lievens, F. & Thornton, G. C. III. (2007). Assessment Center-Forschung und -Anwendung: Eine aktuelle Bestandsaufnahme. In H. Schuler (Hrsg.), *Assessment Center zur Potenzialanalyse* (S. 37–57). Göttingen: Hogrefe.

Lievens, F., van Keer, E. & Volckaert, E. (2010). Gathering behavioral samples through a computerized and standardized assessment center exercise: Yes it is possible. *Journal of Personnel Psychology, 9,* 94–98.

Lowry, P. E. (1993). The assessment center: An examination of the effects of assessor characteristics on assessor scores. *Public Personnel Management, 22,* 487–501.

Macan, T. H., Avedon, M. J., Paese, M. & Smith, D. E. (1994). The effects of applicants' reactions to cognitive ability tests and an assessment center. *Personnel Psychology, 47,* 715–738.

Maher, P. T. (1990, March). *How many dimensions are enough?* Paper presented at the International Congress on the Assessment Center Method, Orange, CA.

McConnel, J. J. & Parker, T. (1972). An assessment center program for multiorganizational use. *Training and Development Journal, 26,* 6–14.

McCulloch, M. C. & Turban, D. B. (2007). Using Person-Organization Fit to Select Employees for High-Turnover Jobs. *International Journal of Selection and Assessment, 15,* 63–71.

McEvoy, G. M. & Beatty, R. W. (1989). Assessment centers and subordinate appraisals of managers: A seven-year examination of predictive validity. *Personnel Psychology, 42,* 37–52.

Melchers, K. G., Arnet Küchler, P., Rapisarda-Bellwald, M. & Kleinmann, M. (2011, April). *When and how much does rater training improve rating accuracy?* Paper presented at the 26th annual conference of the Society of Industrial and Organizational Psychology, Chicago, IL, USA.

Melchers, K. G., Henggeler, C. & Kleinmann, M. (2007). Do within-dimension ratings in assessment centers really lead to improved construct validity? A meta-analytic reassessment. *Zeitschrift für Personalpsychologie, 6,* 141–149.

Melchers, K. G., Kleinmann, M. & Prinz, M. A. (2010). Do assessors have too much on their plates? The effects of simultaneously rating multiple assessment center candidates on rating quality. *International Journal of Selection and Assessment, 18,* 329–341.

Melchers, K. G., Lienhardt, N., von Aarburg, M. & Kleinmann, M. (2011). Is more structure really better? A comparison of frame-of-reference training and descriptively anchored rating scales to improve interviewers' rating quality. *Personnel Psychology, 64,* 53–87.

Meriac, J. P., Hoffman, B. J., Woehr, D. J. & Fleisher, M. S. (2008). Further evidence for the validity of assessment center dimensions: A meta-analysis of the incremental criterion-related validity of dimension ratings. *Journal of Applied Psychology, 93,* 1042–1052.

Mischel, W., Jeffry, K. M. & Patterson, C. J. (1974). The layman's use of trait and behavioral information to predict behavior. *Journal of Research in Personality, 8,* 231–242.

Morrow, P. C., McElroy, J. C., Stamper, B. G. & Wilson, M. A. (1990). The effects of physical attractiveness and other demographic characteristics on promotion decisons. *Journal of Management, 16,* 723–736.

Musch, J. & Lieberei, W. (2013). Postkörbe. In W. Sarges (Hrsg.), *Management-Diagnostik* (4., vollst. überarb. u. erw. Aufl.; S. 663–667). Göttingen: Hogrefe.

Musch, J., Rahn, B. & Lieberei, W. (2001). *Bonner Postkorb-Module (BPM). Die Postkörbe CaterTrans, Chronos, Minos und AeroWings.* Göttingen: Hogrefe.

Neidig, R. D. & Martin, J. C. (1979). *The FBI's Management Aptitude Program Assessment Center (research report no.2): An analysis of assessors' ratings* (TM79-2). Washington, DC: Applied Psychology Section. Personnel Research and Development Center, U. S. Civil Service Commission.

Neubauer, R. (1990). Frauen im Assessment Center – ein Gewinn? *Zeitschrift für Arbeits- und Organisationspsychologie, 34,* 29–36.

Neubauer, R., & Höft, S. (2006). Standards der Assessment Center-Technik – Version 2004. Überblick und Hintergrundinformationen. *Wirtschaftspsychologie, 8* (4), 77–82.

Obermann, C. (1992). *Assessment Center: Entwicklung, Durchführung, Trends.* Wiesbaden: Gabler.

Obermann, C. (2009). *Assessment Center. Entwicklung, Durchführung, Trends. Mit originalen AC-Übungen* (4., vollst. überarb. u. erw. Aufl.). Wiesbaden: Gabler.

Odermatt, I. & Melchers, K. G. (2009, September). Ähnlichkeit von Anforderungsdimensionen im Assessment Center. Vortrag auf der 6. Tagung der Fachgruppe Arbeits- und Organisationspsychologie der Deutschen Gesellschaft für Psychologie, Wien.

Oostrom, J. K., Bos-Broekema, L., Serlie, A. W., Born, M. P. & van der Molen, H. T. (2012). A field study of pretest and posttest reactions to a paper-and-pencil and a computerized in-basket exercise. *Human Performance, 25* (2), 95–113.

Paschen, M., Beenen, A., Turck, D. & Stöwe, C. (2013). *Assessment Center professionell. Worauf es ankommt und wie Sie vorgehen* (3., überarb. u. erw. Aufl.). Göttingen: Hogrefe.

Prien, E. P., Schippmann, J. S. & Prien, K. O. (2003). *Individual assessment: As practiced in industry and consulting.* Mahwah, NJ, US: Lawrence Erlbaum Associates Publishers.

Pynes, J. & Bernadin, H. J. (1992). Mechanical vs consensus-derived assessment center ratings: A comparison of job performance validities. *Public Personnel Management, 21,* 17–28.

Reilly, R. R., Henry, S. & Smither, J. W. (1990). An examination of the effects of using behavior checklists on the construct validity of assessment center dimensions. *Personnel Psychology, 43,* 71–84.

Robie, C., Osburn, H. G., Morris, M. A., Etchegaray, J. M. & Adams, K. A. (2000). Effects of the rating process on the construct validity of assessment center dimension evaluations. *Human Performance, 13,* 355–370.

Rotenberry, P. F., Barrett, G. V. & Doverspike, D. (1999, April). *Determination of systematic bias for an objectively scored in-basket assessment.* Paper presented at the Annual Conference of the Society for Industrial and Organizational Psychology, Atlanta, GA.

Russell, C. J. (1987). Person characteristic versus role congruency explanations for assessment center ratings. *Academy of Management Journal, 30,* 817–826.
Ryan, A. M., Daum, D., Bauman, T., Grisez, M., Mattimore, K., Nalodka, T. & McCormick, S. (1995). Direct, indirect, and controlled observation and rating accuracy. *Journal of Applied Psychology, 80,* 664–670.
Ryan, A. M., McFarland, L., Baron, H. & Page, R. (1999). An international look at selection practices: Nation and culture as explanations for variability in practice. *Personnel Psychology, 52,* 359–391.
Ryan, A. M. & Ployhart, R. E. (2000). Applicants' perceptions of selection procedures and decisions: A critical review and agenda for the future. *Journal of Management, 26,* 565–606.
Sackett, P. R. & Dreher, G. F. (1982). Constructs and assessment center dimensions: Some troubling empirical findings. *Journal of Applied Psychology, 67,* 401–410.
Sackett, P. R. & Hakel, M. D. (1979). Temporal stability and individual differences in using assessment information to form overall ratings. *Organizational Behavior and Human Performance, 23,* 120–137.
Sagie, A. & Magnezy, R. (1997). Assessor type, number of distinguishable dimension categories, and assessment centre construct validity. *Journal of Occupational and Organizational Psychology, 70,* 103–108.
Salgado, J. F. (1997). The five factor model of personality and job performance in the European Community. *Journal of Applied Psychology, 82,* 30–43.
Sarges, W. (1993). Eine neue Assessment-Center-Konzeption: Das Lernfähigkeits-AC. In A. Gebert & U. Winterfeld (Hrsg.), *Arbeits-, Betriebs- und Organisationspsychologie vor Ort. Bericht über die 34. Fachtagung der Sektion Arbeits-, Betriebs- und Organisationspsychologie im BDP in Bad Lauterberg 1992* (S. 29–37). Bonn: Deutscher Psychologen Verlag.
Sarges, W. (2001). *Weiterentwicklungen der Assessment-Center-Methode* (2. Aufl.). Göttingen: Hogrefe.
Sarges, W. (2009). Warum Assessment Center häufig zu kurz greifen – und zudem meist das Falsche zu messen versuchen. *Zeitschrift für Arbeits- und Organisationspsychologie, 53,* 79–82.
Sarges, W. (2013). Einzel-Assessments. In W. Sarges (Hrsg.), *Management-Diagnostik* (4., vollst. überarb. u. erw. Aufl.; S. 825–839). Göttingen: Hogrefe.
Scherm, M. (2013). *Kompetenzfeedbacks. Selbst- und Fremdbeurteilung beruflichen Verhaltens.* Göttingen: Hogrefe.
Scherm, M. & Sarges, W. (2002). *360°-Feedback.* Göttingen: Hogrefe.
Schippmann, J. S., Prien, E. P. & Katz, J. A. (1990). Reliability and validity of in-basket performance measure. *Personnel Psychology, 43,* 837–859.
Schmidt, F. L. & Hunter, J. E. (1978). Moderator research and the law of small numbers. *Personnel Psychology, 31,* 215–232.
Schmidt, F. L. & Hunter, J. E. (1983). Individual differences in productivity: An empirical test of estimates derived from studies of selection procedure utility. *Journal of Applied Psychology, 68,* 407–415.
Schmidt, F. L. & Hunter, J. E. (1998). The validity and utility of selection methods in personnel psychology: Practical and theoretical implications of 85 years of research findings. *Psychological Bulletin, 124,* 262–274.
Schmidt, F. L. & Hunter, J. E. (2000). Messbare Personmerkmale: Stabilität, Variabilität und Validität zur Vorhersage zukünftiger Berufsleistung und berufsbezogenen Lernens. In M. Kleinmann & B. Strauß (Hrsg.), *Potenzialfeststellung und Personalentwicklung* (2. Aufl., S. 15–43). Göttingen: Hogrefe.

Schmitt, N. (1977). Interrater agreement in dimensionality and combination of assessment center judgments. *Journal of Applied Psychology, 62,* 171–176.

Schmitt, N. (1993). Group composition, gender, and race effects on assessment center ratings. In H. Schuler, J.L. Farr & M. Smith (Eds.), *Personnel selection and assessment: Individual and organizational perspectives* (pp. 315–332). Hillsdale, NJ: Erlbaum.

Schneider, J.R. & Schmitt, N. (1992). An exercise design approach to understanding assessment center dimension and exercise constructs. *Journal of Applied Psychology, 77,* 32–41.

Scholz, G. & Schuler, H. (1993). Das nomologische Netzwerk des Assessment Centers: Eine Metaanalyse. *Zeitschrift für Arbeits- und Organisationspsychologie, 37,* 73–85.

Schuler, H. (1989a). Construct validity of a multimodal employment interview. In B.J. Fallon, H.P. Pfister & J. Brebner (Eds.), *Advances in industrial organizational psychology* (pp. 343–354). Amsterdam, North-Holland: Elsevier.

Schuler, H. (1989b). Die Validität des Assessment Centers. In Ch. Lattmann (Hrsg.), *Das Assessment Center-Verfahren der Eignungsbeurteilung* (S. 223–250). Heidelberg: Physica.

Schuler, H. (1990). Personenauswahl aus der Sicht der Bewerber: Zum Erleben eignungsdiagnostischer Situationen. *Zeitschrift für Arbeits- und Organisationspsychologie, 34,* 184–191.

Schuler, H. (1992). Das Multimodale Einstellungsinterview. *Diagnostica, 38,* 281–300.

Schuler, H. (1993). Social validity of selection situations: A concept and some empirical results. In H. Schuler, J.L. Farr & M. Smith (Eds.), *Personnel selection and assessment: Individual and organizational perspectives* (pp. 11–26). Hillsdale, NJ, England: Lawrence Erlbaum Associates, Inc.

Schuler, H. (1996). *Psychologische Personalauswahl. Einführung in die Berufseignungsdiagnostik.* Göttingen: Verlag für Angewandte Psychologie.

Schuler, H. (2002). *Das Einstellungsinterview.* Göttingen: Hogrefe.

Schuler, H. (2006). *Lehrbuch der Personalpsychologie* (2., überarb. u. erw. Aufl.). Göttingen: Hogrefe.

Schuler, H., Frier, D. & Kauffmann, M. (1993). *Personalauswahl im europäischen Vergleich.* Göttingen: Hogrefe.

Schuler, H., Funke, U., Moser, K., Donat, M. & Barthelme, D. (1995). *Personalauswahl in Forschung und Entwicklung. Eignung und Leistung von Wissenschaftlern und Ingenieuren.* Göttingen: Hogrefe.

Schuler, H., Hell, B., Trapmann, S., Schaar, H. & Boramir, I. (2007). Die Nutzung psychologischer Verfahren der externen Personalauswahl in deutschen Unternehmen: Ein Vergleich über 20 Jahre. *Zeitschrift für Personalpsychologie, 6,* 60–70.

Schuler, H. & Muck, P.M. (2001, September). *Konzeption und Prüfung eines multimodalen Leistungsbeurteilungssystems: Individualmodul.* Vortrag auf der 2. Tagung der Fachgruppe Arbeits- und Organisationspsychologie, Nürnberg.

Shore, T.H., Shore, L.M. & Thornton, G.C. III. (1992). Construct validity of self- and peer evaluations of performance dimensions in an assessment center. *Journal of Applied Psychology, 77,* 42–54.

Shore, T.H., Taschian, A. & Adams, J.S. (1997). The role of gender in a developmental assessment center. *Journal of Social Behavior and Personality, 12,* 191–203.

Shore, T.H., Thornton, G.C. III & Shore, L.M. (1990). Construct validity of two categories of assessment center dimension ratings. *Personnel Psychology, 43,* 101–116.

Smith-Jentsch, K.A. (1996, April). *Should rating dimensions in situational exercises be made transparent for participants? Empirical tests of the impact of convergent and predictive validity*. Paper presented at the 11th Annual Conference of the Society for Industrial and Organizational Psychology, San Diego, CA.

Spychalski, A. C., Quiñones, M. A., Gaugler, B. B. & Pohley, K. (1997). A survey of assessment center practices in organizations in the United States. *Personnel Psychology, 50*, 71–90.

Stangel-Meseke, M. (2001). Das modifizierte LernPotenzial-AC und seine Anwendung in der Praxis. In W. Sarges (Hrsg.), *Weiterentwicklungen der Assessment-Center-Methode* (2. Aufl., S. 109–123). Göttingen: Hogrefe.

Stangel-Meseke, M., Akli, H. & Schnelle, J. (2005). Lernförderliches Feedback im modifizierten Lernpotenzial-Assessment Center. Umsetzung der Forschungsergebnisse in einer betrieblichen Studie. *Zeitschrift für Personalpsychologie, 4*, 187–194.

Tett, R. P. (1998, April). *Traits, situations, and managerial behavior: Test of a trait activation hypothesis*. Paper presented at the Annual Conference of the Society for Industrial and Organizational Psychology, Dallas, TX.

Tett, R. P. (1999, April). *Assessment center-validity: New perspectives on an old problem*. Paper presented at the Annual Conference of the Society for Industrial and Organizational Psychology, Atlanta, GA.

Tett, R. P. & Burnett, D. D. (2003). A personality trait-based interactionist model of job performance. *Journal of Applied Psychology, 88*, 500–517.

Thornton, G. C. III. (1992). *Assessment centers in human resource management*. Reading, MA: Addison-Wesley.

Thornton, G. C. III & Byham, W. C. (1982). *Assessment centers and managerial performance*. New York: Academic Press.

Thornton, G. C. III & Cleveland, J. N. (1990). Developing managerial talent through simulation. *American Psychologist, 45*, 190–199.

Thornton, G. C. III, Gaugler, B. B., Rosenthal, D. B. & Bentson, C. (1987). Die prädiktive Validität des Assessment Centers – Eine Metaanalyse. In H. Schuler & W. Stehle (Hrsg.), *Assessment Center als Methode der Personalentwicklung* (S. 36–60). Göttingen: Verlag für Angewandte Psychologie.

Thornton, G. C. III & Mueller-Hanson, R. A. (2004). *Developing organizational simulations: A guide for practitioners and students*. Mahwah, NJ, US: Lawrence Erlbaum Associates Publishers.

Thornton, G. C. III & Rupp, D. E. (2006). *Assessment centers in human resource management: Strategies for prediction, diagnosis, and development*. Mahwah, NJ: Erlbaum.

Trauernicht, K. (2001). *Potentialbeurteilung im dynamischen Assessment-Center*. Hamburg: Kovac.

Truxillo, D. M. & Bauer, T. N. (2010). Applicant reactions to organizations and selection systems. In S. Zedeck, H. Aguinis, W. Cascio, M. Gelfand, K. Leung, S. Parker et al. (Eds.), *APA handbook of I–O psychology* (Vol. 2, pp. 379–397). Washington, DC: APA Press.

Tziner, A. & Dolan, S. (1982). Validity of an assessment center for identifying future female officers in the military. *Journal of Applied Psychology, 67*, 728–736.

van Emmerik, I. J. H., Bakker, A. B. & Euwema, M. C. (2008). What happens after the developmental assessment center? Employees' reactions to unfavorable performance feedback. *Journal of Management Development, 27*, 513–527.

Viswesvaran, C., Ones, D. S. & Schmidt, F. L. (1996). Comparative analysis of the reliability of job performance ratings. *Journal of Applied Psychology, 81*, 557–574.

Volmer, J. & Staufenbiel, T. (2006). Entwicklung und Erprobung eines Interviews zur internationalen Personalauswahl. *Zeitschrift für Arbeits- und Organisationspsychologie, 50*, 17–22.

Walsh, J. P., Weinberg, R. M. & Fairfield, M. L. (1987). The effects of gender on assessment centre evaluations. *Journal of Occupational Psychology, 60,* 305–309.

Weijerman, E. A. P. & Born, M. P. (1995). The relationship between gender and assessment center scores. *Gedrag en Organisatie, 8,* 284–292.

Wirz, A., Melchers, K. G., Kleinmann, M., Lievens, F., Annen, H. & Bettler, U. (2012). *The relation between assessment center overall dimension ratings and external ratings of the same dimensions.* Manuscript submitted for publication.

Wirz, A., Melchers, K. G., Lievens, F., De Corte, W. & Kleinmann, M. (2012). *Trade-offs between assessor expertise and assessor team size in affecting rating accuracy in assessment centers.* Manuscript submitted for publication.

Wirz, A., Melchers, K. G., Schultheiss, S. & Kleinmann, M. (2012). *Are improvements in assessment center construct-related validity paralleled by improvements in criterion-related validity? The effects of exercise similarity on assessment center validity.* Manuscript submitted for publication.

Woehr, D. J. & Arthur, W. Jr. (2003). The construct-related validity of assessment center ratings: A review and meta-analysis of the role of methodological factors. *Journal of Management, 29,* 231–258.

Woehr, D. J., Arthur, W. Jr. & Meriac, J. P. (2007). Methodenfaktoren statt Fehlervarianz: Eine Metaanalyse der Assessment Center-Konstruktvalidität. In H. Schuler (Hrsg.), *Assessment Center zur Potenzialanalyse* (S. 81–108). Göttingen: Hogrefe.

Woehr, D. J. & Huffcutt, A. I. (1994). Rater training for performance appraisal: A quantitative review. *Journal of Occupational and Organizational Psychology, 67,* 189–205.

Praxis der Personalpsychologie

Hrsg. von Heinz Schuler · Rüdiger Hossiep · Martin Kleinmann und Werner Sarges

Band 8: 2., überarbeitete und erweiterte Auflage 2013, VI/125 Seiten,
■ ISBN 978-3-8017-2481-8
☐ E-Book € 21,99 / CHF 29,99

Band 3: 2., überarbeitete und erweiterte Auflage 2013, VI/128 Seiten,
■ ISBN 978-3-8017-2484-9
☐ E-Book € 21,99 / CHF 29,99

Band 27: 2012, VIII/132 Seiten,
■ ISBN 978-3-8017-2392-7
☐ E-Book € 21,99 / CHF 29,99

Weitere Bände der Reihe:

Scherm/Sarges **360°-Feedback** ISBN 978-3-8017-1483-3 · Rauen **Coaching** ISBN 978-3-8017-2137-4 · Nerdinger **Kundenorientierung** ISBN 978-3-8017-1476-5 · van Dick **Commitment und Identifikation mit Organisationen** ISBN 978-3-8017-1713-1 · Kühlmann **Auslandseinsatz von Mitarbeitern** ISBN 978-3-8017-1495-6 · Rummel/Rainer/Fuchs **Alkohol im Unternehmen** ISBN 978-3-8017-1885-5 · Hossiep/Mühlhaus **Personalauswahl und -entwicklung mit Persönlichkeitstests** ISBN 978-3-8017-1490-1 · Kanning **Soziale Kompetenzen** ISBN 978-3-8017-1775-9 Becker/Kramarsch **Leistungs- und erfolgsorientierte Vergütung für Führungskräfte** ISBN 978-3-8017-1928-9 · Schmidt/Kleinbeck **Führen mit Zielvereinbarung** ISBN 978-3-8017-1491-8 · Schuler/Görlich **Kreativität** ISBN 978-3-8017-2028-5 · Regnet **Konflikt und Kooperation** ISBN 978-3-8017-1737-7 · Nerdinger **Unternehmensschädigendes Verhalten erkennen und verhindern** ISBN 978-3-8017-1971-5 · Hossiep/Bittner/Berndt **Mitarbeitergespräche – motivierend, wirksam, nachhaltig** ISBN 978-3-8017-1717-9 · Kals/Ittner **Wirtschaftsmediation** ISBN 978-3-8017-2016-2 · Lohaus **Leistungsbeurteilung** ISBN 978-3-8017-2090-2 · Krumm/Schmidt-Atzert **Leistungstests im Personalmanagement** ISBN 978-3-8017-2080-3 · Felfe **Mitarbeiterführung** ISBN 978-3-8017-2082-7 Felser **Personalmarketing** ISBN 978-3-8017-1723-0 · Freimuth **Moderation** ISBN 978-3-8017-1969-2 · Lohaus **Outplacement** ISBN 978-3-8017-2210-4 · Krause **Trends in der internationalen Personalauswahl** ISBN 978-3-8017-1473-4 · Collatz/Gudat **Work-Life-Balance** ISBN 978-3-8017-2326-2

Die Reihe zur Fortsetzung bestellen:

Bestellen Sie jetzt die Reihe »Praxis der Personalpsychologie« zur Fortsetzung und Sie erhalten alle Bände automatisch nach Erscheinen zum günstigen Fortsetzungspreis von je € 19,95 / CHF 28,50.
Sie sparen mehr als 20% gegenüber dem Einzelpreis von € 24,95 / CHF 35,50.

  Hogrefe Verlag GmbH & Co. KG
Merkelstraße 3 · 37085 Göttingen · Tel.: (0551) 99950-0 · Fax: -111
E-Mail: verlag@hogrefe.de · Internet: www.hogrefe.de

Michael Paschen · Anja Beenen
Daniela Turck · Christian Stöwe

Assessment Center professionell

Worauf es ankommt und wie Sie vorgehen

3., überarb. u. erw. Aufl. 2013,
324 Seiten, geb., inkl. CD-ROM,
€ 44,95 / CHF 59,90
■ ISBN 978-3-8017-2493-1
▣ E-Book € 39,99 / CHF 55,99

Dieses Buch liefert einen Überblick über alle relevanten Themen in der Vorbereitung und praktischen Durchführung von Assessment Centern.

Hermann-Josef Fisseni
Ivonne Preusser

Assessment Center

Eine Einführung in Theorie und Praxis

2007, VIII/297 Seiten,
€ 29,95 / CHF 39,90
■ ISBN 978-3-8017-2036-0

Fundiert und praxisorientiert informiert der Band über das Konzept des ACs, über Weiterentwicklungen des Verfahrens und die zahlreichen Anwendungsmöglichkeiten.

Heinz Schuler (Hrsg.)

Assessment Center zur Potenzialanalyse

(Reihe: »Wirtschaftspsychologie«, Band 26)
2007, X/397 Seiten, geb.,
€ 49,95 / CHF 66,90
■ ISBN 978-3-8017-2035-3
▣ E-Book € 42,99 / CHF 59,99

Für alle, die sich auf den aktuellen Wissensstand bringen und das AC in einer Form praktizieren möchten, die seinem Ruf, seinem Aufwand und dem Gewicht der nachfolgenden Personalentscheidungen gerecht wird, ist dieses Buch eine unentbehrliche Informationsquelle.

Uwe Peter Kanning
Thomas Staufenbiel

Organisationspsychologie

(Reihe: »Bachelorstudium Psychologie«)
2012, 339 Seiten,
€ 32,95 / CHF 44,90
■ ISBN 978-3-8017-2145-9
▣ E-Book € 28,99 / CHF 40,99

Das Buch liefert für Studierende des Bachelor-Studiengangs Psychologie eine Einführung in die Organisationspsychologie.

Martin Scherm

Kompetenzfeedbacks

Selbst- und Fremdbeurteilung beruflichen Verhaltens

2013, ca. 242 Seiten,
ca. € 34,95 / CHF 46,90
■ ISBN 978-3-8017-2455-9
▣ E-Book ca. € 30,99 / CHF 43,99

Wissenschaftler und Praktiker finden in diesem Band fundierte Analysen und Antworten auf typische Fragen beim Einsatz von Feedbacksystemen.

Petra Gelléri
Carolin Winter (Hrsg.)

Potenziale der Personalpsychologie

Einfluss personaldiagnostischer Maßnahmen auf den Berufs- und Unternehmenserfolg

2011, VII/400 Seiten,
€ 39,95 / CHF 53,90
■ ISBN 978-3-8017-2364-4
▣ E-Book € 35,99 / CHF 49,99

Der Band zeigt sachkundig auf, welche vielfältigen Einflüsse die Personalpsychologie auf den Erfolg von Unternehmen und ihren Mitarbeitern hat.

HOGREFE

Hogrefe Verlag GmbH & Co. KG
Merkelstraße 3 · 37085 Göttingen · Tel.: (0551) 99950-0 · Fax: -111
E-Mail: verlag@hogrefe.de · Internet: www.hogrefe.de